지구를 품은 착한 디자인

상상의집

글 김대호 | **동화** 김경옥, 길지연, 문정옥 | **그림** 허경미
펴낸날 2014년 4월 28일 초판 1쇄, 2021년 7월 9일 초판 12쇄
펴낸이 김상수 | **기획·편집** 서유진, 권정화, 조유진, 이성령 | **디자인** 문정선, 조은영 | **영업·마케팅** 황형석, 임혜은
펴낸곳 루크하우스 | **주소** 서울시 서초구 사임당로 50 해양빌딩 504호 | **전화** 02)468-5057 | **팩스** 02)468-5051
출판등록 2010년 12월 15일 제2010-59호

www.lukhouse.com   cafe.naver.com/lukhouse

© 김대호, 김경옥, 길지연, 문정옥 2014
저작권자의 동의 없이 무단 복제 및 전재를 금합니다.

ISBN 979-11-5568-030-8 73500

※ 잘못된 책은 구입처에서 바꾸어 드립니다.
※ 값은 뒤표지에 있습니다.
※ 이 책에 실린 이미지는 저자 김대호에 의해 대부분 사용을 허락받았습니다. 간혹 연락이 닿지 않아 출처를 명기하고 삽입한 사진이 있습니다.
   저작권자께서는 출판사로 연락주시면 사후 허락을 구하고 통상의 사용료를 지급하겠습니다.
※ 명기한 이미지 출처 가운데 현재는 없어진 사이트가 있습니다. 10쇄부터 '⊘' 기호를 넣었습니다.

상상의집은 (주)루크하우스의 아동출판 브랜드입니다.

지구를 품은 착한 디자인

save paper
save the planet

상상의집

들어가는 말

환경과 지구를 품은 디자인 이야기

'디자인'이란 무엇일까요? 사전을 찾아보면 어떤 물체를 조형적으로 구체화하는 도안을 말한다고 해요. 무언가를 만들어 내기 위해 구상하고 그려 내는 과정이 디자인이지요. 디자인이 잘된 물건은 쓸 때 편리하고 바라보면 아름답지요.

디자인은 갈수록 중요해지고 있어요. 겉을 아름답게 꾸미는 도구만이 아니라 가치를 늘리는 활동이기도 하지요. 같은 쓰임새를 갖고 있는데도, 더 아름다운 디자인이라면 사람들의 손길을 훨씬 많이 끌어요. 물건의 디자인만이 아니에요. 우리가 사는 도시도 디자인에 따라 사람들의 삶의 질이 달라지지요.

디자인을 할 때는 보통 두 가지를 염두에 둡니다. 물건의 쓰임새에 맞도록 실용적이고 미적인 가치를 가지도록 고민하지요. 나아가 한 가지를 더 염두에 둔 디자인이 있어요. 바로 환경과 지구를 생각한 에코 디자인이에요.

문명이 발달하면서 우리의 삶은 무척 편리해졌지만, 모르는 사이 지구는 병들어 가고 있어요. 그 원인을 살피다 보면 우리의 일상생활과 밀접하게 관계가 있어요. 우리가 쓰는 물건들을 만들어 내기 위해 지구 자원을 쓰고 또 다 쓴 물건은 쓰레기가 되어 지구에 버려지기 때문이에요.

그렇지만 물건을 만들어 내지 않거나 물건을 쓰지 않을 수는 없어요. 지구 위에서 사람이 살아온 문명의 방식을 완전히 뒤엎을 수는 없을 테니까요. 그렇다면 환경에 조금이라도 부담을 덜 주는 방법으로 물건을 만들어 내거나, 환경에 대한 생각을 다시 할 수 있게 만들어 내는 것이 필요하겠지요.

이 책에서는 이렇게 지구와 환경을 고민한 디자인을 소개하고 있어요. 물건을 쓸 때 생기는 쓰레기를 최소한으로 줄이는 방법이나, 물건을 덜 쓸 수 있도록 디자인 된 물건들을 보여 주고 있지요. 한 가지 쓰임을 다하고 다른 쓰임으로 두 번째 생을 사는 물건도 있어요. 사람들의 자발적인 참여를 유도하도록 생각을 일깨우는 디자인과 인도주의적으로 가난한 사람들을 위한 디자인도 소개하고 있어요.

세계 여러 나라 디자이너들의 참신한 고민이 담긴 이런 디자인을 보면 막힌 생각도 뚫리고 새로운 아이디어가 샘솟을 거예요. 지구와 환경을 지키고자 하는 마음도 더 커지는 것은 물론이지요.

우리 함께 생각을 뒤집고 지구를 지키는 착한 디자인을 만나 볼까요?

차례

008
1. 네모난 휴지
꼼짝 마, 나 네모야!

더 읽어 봐요 : 조금 불편해도 괜찮아
에코 텀블러와 장바구니

026
2. 굴러가는 물통, Q드럼
루나의 물통

더 읽어 봐요 : 안전한 물을 구하는 다른 생각
빨대 정수기

044
3. 새 먹이가 되는 일회용 접시
쉿, 기다려 봐!

더 읽어 봐요 : 독특한 일회용품
물에 녹는 쇼핑백

064
4. 바람을 채워 넣은 소파
여왕의 소파

더 읽어 봐요 : 쓰레기를 줄이는 디자인
포장지가 되는 잡지

084

5. 페트병, 물, 세제로 빛나는 전구

착한 기술, 착한 전구

더 읽어 봐요 : 적정 기술을 생각해요
루민 AID, 소켓볼

102

6. 넛지 디자인

지구를 닮은 정수기 물통

더 읽어 봐요 : 다양한 넛지 디자인
넛지 효과

118

7. 한옥의 들어열개 문

바람을 부르는 문

더 읽어 봐요 : 집에 숨은 착한 디자인
업사이클 하우스

1

꼼짝 마, 나 네모야!

Designer Ban Shigeru • Photo from www.ncd.co.jp

네모난 휴지

일본의 디자이너인 반 시게루가 만든 '네모난 휴지'는 보통 두루마리 휴지와 다르게 네모난 모양으로 생겼어요. 두루마리 휴지는 쉽게 풀리지만, 네모난 휴지는 모서리에 걸려 낭비를 막을 수 있지요.

화장실에 들어갔던 가람이가 갑자기 소리를 꽥 질렀어요.
"엄마, 여기 좀 와 보세요."
가람이 소리에 깜짝 놀란 엄마가 잽싸게 화장실 문을 열어 보니 휴지가 휴지걸이에서 수도꼭지를 지나 세면대로, 다시 선반으로 너울너울 늘어져 있었어요.
"누가 이런 짓을 했을까?"
엄마 말에 가람이는 눈을 세모꼴로 치켜뜬 채 두 주먹을 불끈 쥐었어요.
"누구긴 누구겠어요? 푸름이 녀석이지. 이 녀석 가만 안 둬!"
가람이는 동생 푸름이 방으로 쌩 달려가 푸름이 머리에 꿀밤을 먹였어요.
"넌 지구를 오염시키는 악당이야. 이 나쁜 녀석!"

한가하게 콧구멍을 후비며 만화책을 보고 있던 푸름이는 날벼락을 맞은 듯했어요. 가람이 누나의 꿀밤이 너무 아팠거든요.

"아야! 왜 때리는데?"

"몰라서 물어? 너 휴지로 무슨 짓을 한 거야?"

그제야 푸름이는 머리를 긁적이면서 능글맞게 웃었어요.

"아, 그거? 헤헤헤. 어때 멋있지? 휴지로 멋진 커튼을 만들어 봤는데."

"뭐라고? 완전 어이없어. 너는 이름값도 못하는 녀석이야. 지구를 푸르게 하는 게 아니라 오염시키는 악당이라고! 너 누나가 환경 지킴이 클럽의 회장인 거 몰라?"

가람이는 여러 차례 푸름이 머리를 쥐어박으며 폭풍 같은 잔소리를 퍼부었어요.

"종이를 함부로 쓰는 건 나무 몇 그루를 죽이는 일이고, 휴지를 만들기 위해 기계를 돌리면 환경이 오염되는 거라고 그렇게 말해도 못 알아듣니?"

"몰라. 난 그런 거 모른다고!"

푸름이가 화난 멧돼지처럼 소리를 지르고 있을 때 엄마가 들어왔어요.

"푸름이 너 뭘 잘했다고 큰소리야."

사실 푸름이는 가람이 누나가 말하는 것이 무슨 뜻인지 잘 알지만, 일부러 장난을 친 것이에요. 툭하면 비누를 아껴 써라, 종이를 아껴 써라, 전기를 아껴 써라……, 귀에 딱지가 앉도록 해 대는 잔소리가 듣기

싫었거든요. 누나가 잔소리할 때는 꼭 마귀할멈을 닮았다고 생각했어요. 어제도 분리수거를 하러 나가던 누나가 나가다 말고 스케치북을 낭비했다며 머리를 쥐어박았는데 금방 혹이 돋을 정도로 아팠거든요. 그때 푸름이는 생각했어요.

'칫! 잘난 척하기는! 자기가 무슨 지구를 지키는 영웅이라도 되나?'

푸름이는 화가 나서 일부러 화장지 다섯 장을 뽑아 코를 팽 풀고 집어 던진 뒤 다짐했지요.

'흥. 두고 봐! 누나가 그러면 그럴수록 나는 청개구리가 될 거니까!'

푸름이는 복수를 하기 위해 오늘 일부러 화장실에 휴지를 풀어 놓은 것이었어요. 그런데 엄마까지 협동 공격을 할 줄은 꿈에도 몰랐지요.

"푸름이 너 벌 좀 서야겠어. 이 녀석 툭하면 사고를 친다니까."

엄마는 푸름이에게 무릎을 꿇은 채로 손을 들고 반성하라고 했어요. 푸름이는 할 수 없이 벌을 서면서 뒤돌아 나가는 누나 엉덩이를 째려봤어요.

'이게 다 누나 때문이야. 흥! 가만 안 둘 거야.'

그날 밤 푸름이는 곰곰이 생각했어요. 어떻게 하면 누나에게 복수를 할 수 있을까? 정말 푸름이는 누나가 원망스러웠어요. 목욕할 때 거품 장난하는 것을 좋아하는데 누나 때문에 목욕 비누도 맘껏 못 쓰지요. 또 스케치북에 로봇 그리는 걸 좋아하는데 툭하면 종이를 낭비한다며 그림도 맘대로 못 그리게 하지요. 종이로 왕 딱지 만드는 것도 재미있는데 신문에 끼어 온 전단지로 딱지를 만들려고 하면 어디서 날아온 누나가 흰 면을 연습장으로 쓰고 난 뒤 딱지를 만들어야 한다며 냉큼 빼

1. 네모난 휴지

앗아 가곤 했어요.

'얄미운 누나. 어떻게 혼을 내면 좋을까?'

그때 좋은 생각이 떠올랐어요.

"그래. 그거야! 누나는 귀신을 무서워하잖아. 히히. 미라로 변장하는 거야."

푸름이는 일부러 누나가 싫어하는 짓을 하고 싶었어요. 그래서 두루마리 휴지로 온몸을 칭칭 감기 시작했어요.

"히히. 놀래서 까무라치겠지."

거실 뻐꾸기시계가 밤 열두 시를 알렸어요. 귀신들이 나타나는 시간이 된 거에요. 푸름이는 살금살금 누나 방으로 들어갔어요. 문소리가 나자 누나가 몸을 뒤척였어요. 푸름이는 '흐흐흐흐' 하며 괴상한 소리를 냈어요. 그러자 누나가 눈을 번쩍 뜨더니 "엄마야!" 소리를 냈어요. 푸름이는 성공했다 싶어 키득거렸어요.

그런데 누나는 잽싸게 일어나 불을 켜더니 방에 뒹굴어 다니는 긴 홍보용 풍선 방망이로 푸름이를 사정없이 두들겨 팼어요. 그것은 '환경 지킴이. 환경을 지킵시다.'라는 글자가 새겨진 캠페인 풍선 방망이예요.

"귀신을 때려 잡자! 이런 귀신은 혼나야 해."

"그만! 그만 때려! 나야, 나! 푸름이라고!"

"넌 혼 좀 나야 해. 휴지를 이렇게 낭비하다니."

누나가 휘두르는 풍선 방망이가 얼마나 따끔따끔한지 푸름이는 몸을 웅크린 채 떼굴떼굴 굴렀어요.

다음 날 아침. 누나는 어젯밤 있었던 일을 엄마 아빠 앞에서 다 고자질했어요. 그리고 다음과 같이 말했어요.

"어제 푸름이가 휴지를 너무 많이 낭비해서 우리 집은 오늘부터 휴지를 더 아껴야 합니다. 그러니 모두 제 말을 따라 주세요."

누나는 눈꼬리와 입에 힘을 잔뜩 주었어요.

"첫째, 똥 눌 때 휴지는 딱 세 칸만 쓴다. 둘째, 코를 닦거나 입을 닦을 때는 한 칸만 끊어 쓴다. 화장지를 쓸 때는 두 장 중에 한 장은 저축을 한다."

똥을 싸고 나면 세 칸만 쓰라는 소리를 하자 아빠가 떨떠름한 표정을 지었어요. 엄마도 코를 씰룩댔어요. 푸름이는 손을 번쩍 들었어요.

"그건 안 됩니다. 그러면 손에 똥이 묻어 병균이 침입합니다!"

그러자 누나는 시범까지 보이며 세 칸만으로도 충분하다고 설명했어요. 집에서 환경 지킴이 누나를 이기는 사람은 아무도 없을 거예요. 그때 푸름이 머리에 누나를 골려 줄 좋은 아이디어가 떠올랐어요.

'히히. 두고 봐!'

그날 저녁이었어요. 맛있게 저녁 식사를 하고 난 뒤 화장실에 들어간 누나가 또 소리를 꽥 질렀어요. 누나는 입을 막은 채 뛰어나와 헛구역질을 했어요.

"아, 더러워. 누가 똥 싸고 물도 안 내렸어?"

그때 푸름이가 천연덕스럽게 말했어요.

"환경을 지키기 위해 그랬어. 이제부터 변기 물도 아끼기 위해 우리 모두 똥을 세 번 싸고 물을 내려야지."

그 소리에 누나 입에서 "우웩!" 소리가 터져 나왔어요.

엄마 입에서도 기어코 험한 말이 튀어나왔어요.

"이 사고뭉치 청개구리 같은 녀석!"

그날 푸름이는 또 벌을 서야 했어요.

"으, 왜 맨날맨날 나만 미워해."

푸름이는 그날 밤, 억울하고 분해서 잠이 안 왔어요.

'누나 잘 때 얼굴에 낙서나 실컷 해 줘야지.'

푸름이는 단단히 마음을 먹고 누나가 잠들기만을 기다렸어요. 그런데 누나는 잠도 안 자고 방에는 늦도록 불이 켜 있었어요.

"도대체 잠도 안 자고 뭐 하는 거지?"

푸름이는 누나 방에 귀를 바짝 들이댔어요. 누나는 누구와 수다라도 떠는 듯이 중얼댔어요.

"나를 꼭 속이는 것 같다니까. 세 칸만 쓰라고 해도 모두 말을 안 듣는 것 같아. 칫! 내가 모를 줄 알고. 음, 쩝! 휴지, 휴지, 음냐 휴지……."

누나는 누군가와 떠들 듯이 중얼대고 있었어요.

'환경만 생각하더니 이젠 도깨비랑 떠드나? 아니면 휴지랑 떠드나?'

푸름이는 궁금해서 견딜 수가 없었어요. 그래서 누나 방문을 살짝 열었어요. 그러자 누나는 화들짝 놀라며 두 팔로 무언가를 감싸 안았어요.

"빨리 문 닫지 못해?"

누나가 뒤돌아보며 신경질을 부렸어요. 그 바람에 얼른 문을 닫았지만 푸름이는 누나가 감싸 안고 있던 것이 두루마리 휴지인 것을 보았어요.

'단단히 미쳤어.'

밝은 햇빛이 창문으로 환하게 들어오는 아침이었어요.

푸름이는 기분 좋게 일어났는데 갑자기 배가 아파 왔어요. 급하게 화장실로 들어가 변기에 앉았어요. 한참 동안 볼일을 보고 난 뒤 휴지로 닦으려는데 갑자기 짜증이 났어요. 세 칸만 쓰라는 누나 말이 떠올랐기 때문이에요.

"에잇, 알게 뭐람? 내가 열 번을 감아 쓰든 스무 번을 감아 쓰든 누나가 알겠어?"

푸름이는 평소처럼 휴지를 마구 감으려는데 이상하게 휴지가 뚝뚝 걸리면서 끊어졌어요.

"이상하다. 왜 그러지?"

휴지걸이 뚜껑을 들고 살펴보니 동그란 두루마리 휴지가 아니라 네모난 휴지였어요. 휴지를 돌돌 말려고 하면 네모진 부분에서 뚝뚝 끊겨 휴지를 많이 쓰려 해도 잘되질 않았어요.

"이런 마귀할멈 누나! 이렇게 해 놓으면 내가 못 쓸 줄 알고!"

푸름이는 약이 올라 휴지를 마구 잡아당겼지만 휴지는 계속 탁탁 걸렸어요.

"이놈 정체가 뭐야, 도대체?"

그런데 네모 휴지가 푸름이에게 말을 하는 것이에요.

"야! 이푸름. 꼼짝 마. 나 네모야."

"어쭈. 네모가 뭐 잘나기라도 했냐? 이상하게 생겨가지고는."

"뭐, 이상하게 생겼다고? 너 계속 까불래? 너 내가 얼마나 힘이 센지 모르는구나. 네가 아무리 휴지를 풀어 쓰려고 해도 내가 네모진 각에 힘을 주면 넌 똥 못 닦아."

푸름이는 조그만 네모 휴지가 덤비는 게 가소로워 헛웃음을 지었어요.

"하하하. 네모가 까부네. 어디 한번 누가 힘센지 겨뤄 보자."

그 말이 떨어지기 무섭게 네모 휴지가 힘을 꽉 쥐었는지, 도무지 휴지가 풀어지지 않았어요. 그때 엄마가 화장실 문을 노크하며 말했어요.

"뭘 똥을 이리 오래 싸는 거야? 그러다 학교 늦겠어."

"잠깐만요! 네모 때문에 그래요."

"네모는 또 뭔 소리야?"

엄마는 네모가 뭔지 모르나 봐요. 하지만 푸름이는 네모 때문에 점점 약이 올랐어요.

"어때? 이제 항복하시지."

네모 휴지가 거만하게 말했어요. 푸름이는 할 수 없이 휴지를 조금 풀어 겨우 밑을 닦고 나왔어요. 정말 찜찜했어요.

"화장실에 들어가서 뭐 하느라 이제 나와?"

엄마 핀잔에 푸름이는 투덜거렸어요.

"네모 휴지 때문에 그래요."

"네모 휴지라니?"

"화장실에 네모 휴지 걸린 거 몰라요? 분명 누나 짓일 거야. 휴지를 이상하게 만들어 놨다니까요. 에잇! 우리도 빨리 비데 달아요. 그러면 휴지랑 싸움도 안 할 텐데."

그때 누나가 나타났어요.

"어때? 네모난 휴지를 써 보니?"

"누나 짓일 줄 알았어. 네모난 휴지 때문에 고생했다고."

그 말에 누나가 하하하 웃으며 소리쳤어요.

"앗싸! 성공이다!"

1. 네모난 휴지

"날 놀려 먹은 게 성공이라고? 칫! 누나 나빴어."

"흥! 날 속인 게 누군데. 우리 식구들이 날 속이지만 않았어도 내가 그러지 않았을 거야. 조금만 쓰기로 해 놓고 마구 쓰니까 내가 착한 디자인의 네모난 휴지를 걸어 둔 거지."

누나는 책을 가져와 보여 줬어요. 그건 착한 디자인에 관한 이야기가 담긴 책이었어요.

"불편하게 디자인해서 덜 쓰게 하고, 그럼으로써 자원을 아끼고 환경을 살리는 거야. 네모난 휴지도 바로 그런 거지."

누나 말에 엄마가 연신 감탄을 했어요.

"어머나! 그런 게 있었구나. 이상하게 생겼는데 정말 착하고 훌륭한 디자인인걸."

푸름이는 변기 옆에서 고집쟁이처럼 굴던 네모 얼굴의 휴지가 떠올랐어요. 이제 화장실에서 볼일을 볼 때마다 네모랑 씨름을 해야 할 것을 떠올리니 저절로 한숨이 나왔어요. 네모를 이길 수는 없을 것만 같았거든요. 그런데 슬쩍 재미있는 생각이 떠올랐어요.

'이상하게 생긴 게 착하고 훌륭하다? 거참 재밌네!'

푸름이는 엄마를 힐끗 바라보았어요. 자기에게 날마다 청개구리라고 야단치는 엄마를 좀 골려 주고 싶은 생각이 드는 것이에요.

'이상하게 생긴 걸 만들어 엄마를 골려 줘야겠어.'

푸름이가 그런 생각을 하고 나서 정확하게 닷새 뒤의 일이에요.

그날 엄마는 빨래를 하려고 세탁기에 옷을 넣었어요.

"에휴, 빨래가 많기도 하지! 푸름이 이 녀석, 날마다 양말을 뒤집어

벗어 놓는 꼴이라니!"

엄마는 개구쟁이 푸름이를 떠올리며 세탁기 뚜껑을 닫았어요. 세제를 넣으려는데 세제가 감쪽같이 사라졌어요.

"세제가 어디 갔을까?"

그런데 페트병 하나가 보였어요. 페트병에는 다음과 같이 쓰여 있었어요.

'세제는 이 안에 있습니다. 세제를 쓰려면 페트병을 거꾸로 드세요. 그러면 작은 구멍으로 세제가 나옵니다.'

엄마는 써 있는 대로 페트병을 거꾸로 들었어요. 그러자 작은 구멍에서 세제가 아주 조금씩 흘러나왔어요. 마치 모래시계의 가느다란 구멍에서 솔솔 나오는 모래처럼요.

"아휴, 이거 원, 답답해서! 세제 한 숟갈을 얻으려면 한참 걸리겠는걸. 언제까지 이걸 들고 있어야 하는 거야."

마음이 급해진 엄마가 뚜껑을 열려 했지만 접착제로 붙였는지 꼼짝도 하지 않았어요.

"이푸름! 이 엉뚱한 녀석을……!"

엄마 눈이 세모꼴로 뾰족해지려던 순간, 페트병에 적힌 또 다른 글이 보였어요.

'착한 세제입니다.'

엄마는 잠시 무언가 생각을 하더니 고개를 끄덕였어요. 그리고 피식 웃음을 지었어요. 두 숟갈 넣으려던 세제는 한 숟갈만 넣었어요.

세모꼴로 뾰족해지려던 엄마의 눈은 스르르 풀려, 착한 반달눈이 되어 어느새 웃고 있었어요.

조금 불편해도 괜찮아

에코 텀블러와 장바구니

 일본의 디자이너인 반 시게루(Ban Shigeru)가 만든 '네모난 휴지'는 보통 두루마리 휴지와 다르게 네모난 모양으로 생겼어요. 두루마리 휴지는 쉽게 풀리지만 네모난 휴지는 모서리에 걸려 낭비를 막을 수 있지요.

 이렇게 조금 불편하지만 환경을 지키는 데 도움을 주는 물건이 있어요. 바로 친환경적인 삶을 실천하는 사람들에게는 필수가 된 텀블러예요. 커피를 마시는 사람들이 늘어나면서 일회용 컵 사용도 무척 늘어났지요. 커피를 들

Photo from www.etsy.com

1. 네모난 휴지

022

더 읽어 봐요

고 다니면서 먹는 문화가 널리 퍼지면서 일회용 컵은 점점 더 많이 사용되고 있어요. 일회용 컵 사용량이 늘어날수록 일회용 컵을 만들기 위해 종이도 더 많이 사용되겠지요. 〈경향신문〉의 기사에 따르면 국내 종이컵 연간 소비량은 116억 개나 된다고 해요. 한 사람당 240개나 되는 숫자지요. 일회용 종이컵 한 개를 만드는데 11g의 이산화 탄소가 배출되고 1톤의 종이컵을 만들기 위해 베어지는 나무만도 20그루나 된다고 하니, 일회용 컵으로 발생되는 이산화 탄소와 사라지는 나무의 양이 어마어마하겠지요? 그런데 매년 종이컵 사용량이 20~30%씩 더 늘어 가고 있다고 해요. 나무가 줄어들면 대기 속 이산화 탄소는 늘고 깨끗한 공기는 줄어들게 되지요. 또한 지구 온난화와 사막화 현상은 더욱 가속화돼요.

일회용 컵을 재활용하더라도 완벽한 해결 방법은 될 수 없어요. 그래서 종이로 된 일회용품을 줄여 나가는 노력이 필요해요. 특히 제일 많이 쓰는 일회용 컵을 덜 쓰도록 해야겠지요.

텀블러를 사용하는 것만으로도 일회용 컵의 사용을 많이 줄일 수 있어요. 텀블러를 쓰는 것은 곧 나무를 심는 거나 마찬가지지요. 식목일이나 특별한 날에 나무를 심는 것만큼이나 매일매일 자기만의 컵을 갖고 다니면 환경에 큰 도움이 돼요. 특히 환경에 관심이 많은 연예인이나 유명한 사람들이 일회용 컵 대신 텀블러에 음료를 담아 마시는 모습을 보이며 텀블러 사용을 장려하기도 하지요.

Photo from
www.epromos.com

또 우리가 많이 쓰는 일회용품에는 쇼핑백과 비닐봉지가 있어요. 이것을 대체할 수 있는 것이 바로 장바구니지요. 번거롭다는 이유로 장바구니를 들고 다니는 사람들이 점점 줄어들고 있어요. 상점에서 손쉽게 나누어 주는 각종 쇼핑백들과 비닐봉지가 있기 때문이지요. 하지만 이러한 것들 역시 환경을 망치는 주범 중 하나예요. 특히 비닐 소재의 경우 더 심각하지요. 비닐은 완전히 분해되기 어렵고, 썩는다 해도 많게는 수백 년이 걸려요. 또 태우면 엄청난 양의 환경 호르몬이 발생되지요.

하지만 아직도 비닐봉지가 널리 쓰이고 있는 현실이에요. 특히 휴일이나 주말이면 감당할 수 없는 양이 쏟아져 엄청난 쓰레기를 만들어 내요. 최근에

더 읽어 봐요

는 많은 업체들의 노력으로 분해가 되는 소재를 활용한 쇼핑백들이 늘어나고 있지만 무엇보다 가장 손쉽고 효과적인 방법은 각자 장바구니를 들고 다니는 것이랍니다. 조금만 불편을 감수하면 쇼핑을 즐기면서도 환경에도 이로운 실천을 할 수 있어요. 최근에는 예쁘게 디자인된 친환경 장바구니도 많이 나오고 있지요. 텀블러와 장바구니 들고 다니기, 조금 불편하지만 환경을 지키는 가장 가까운 방법이에요.

Photo from ⓘ http://lunar.thegamez.net

2

루나의 물통

Designer Piet Hendrikse • Photo from http://www.qdrum.co.za

굴러가는 물통, Q드럼

아프리카에 살고 있는 사람들은 수십 킬로미터나 떨어진 우물과 호수로 물을 길러 갑니다. 멀리서 물을 편리하게 길어 올 수 있도록 굴러가는 바퀴 모양의 물통을 만들었어요. 줄로 끌고 다니는 물통의 모양이 알파벳 Q 같아 'Q드럼'이라고 불리지요.

루나의 물통

루나가 사는 곳은 남아프리카 공화국의 외딴 시골 마을이에요. 비록 몇 안 되는 가구들이 모여 살지만 서로 싸우지 않고 웃으며 살지요. 요즘 이곳은 여름 내내 비가 오지 않아 무척 덥고 메마른 날씨가 계속되고 있어요.

오늘도 아침부터 날씨가 몹시 더워요. 루나는 낡은 사각 물통 하나를 손에 들고 동구 밖에서 압둘라예를 기다리고 있어요.

"압둘라예는 왜 이렇게 안 올까?"

벌써 아침 해는 높이 떠올라 뾰족한 햇살 줄기들을 메마른 땅으로 마구 쏘아 대고 있어요. 루나는 아침에 일어나면 제일 먼저 물통을 들고 집을 나서요. 굵은 밧줄 하나를 허리에 질끈 동여맨 채로 말이에요. 물 한 동이를 길어 놔야만 늦게라도 학교로 향할 수 있어요.

루나는 압둘라예를 기다리는 동안 물통을 이리저리 흔들며 한 손으로 '통통' 두드려 댔어요. 물통에서 빈 소리가 통통통 요란하게 들려왔어요.

루나는 뚜껑이 없는 물통이 여간 속상한 게 아니에요. 안타깝게도 루나는 물을 길러 가다가 물통 뚜껑을 잃어버렸어요. 그 바람에 물을 떠 올 때마다 물이 넘치지 않도록 조심해서 다뤄야 해요. 아직 힘이 약해서 한 번에 많은 물을 나르지도 못하는데 말이에요.

그때 저만치에서 압둘라예가 오는 모습이 보였어요. 루나는 압둘라예를 향해 생긋 웃었어요. 압둘라예도 흰 이를 드러내고 씩 웃으며 뛰어왔어요.

"왜 이렇게 늦었어? 빨리 가자."

둘은 우물을 향해 걷기 시작했어요. 뜨거운 해가 루나와 압둘라예의 뒷목을 찔러요. 숨도 턱 막혀요. 하지만 이런 날에도 물을 긷기 위해 먼 이웃 마을까지 걸어야 해요. 루나네 마을엔 우물이 없거든요.

"루나, 우리 오늘부터 다른 우물로 가자."

갑자기 압둘라예가 이상한 소리를 했어요. 늘 물을 긷던 이웃 마을이 아니라 다른 곳으로 가자니요?

"왜?"

"우리가 먹던 우물물은 오염이 심해. 이웃 마을 옆쪽에 언덕 하나만 넘으면 훨씬 깨끗한 우물이 있어. 내가 그걸 찾아냈어."

"그렇게나 멀리? 이웃 마을도 꽤 먼데."

"빠른 걸음으로 가면 괜찮아."

압둘라예는 마음이 급한 듯 먼저 앞서서 걷기 시작했어요. 마치 루나 입에서 싫다는 말은 아예 나오지 못하게 막으려는 듯 막무가내였어요.

"야, 너 먼저 그렇게 가면 어떡해."

루나는 멋대로 행동하는 압둘라예가 좀 이상했어요. 마음 같아선 "난 싫다! 가려면 너 혼자 가!" 하고 버티고 싶었지만 얼마 전 자신을 도와줬던 압둘라예를 떠올리면 그럴 수는 없어요.

할 수 없이 압둘라예를 따라 터덜터덜 걷는데 유난히 해가 뜨거워 벌써 땀이 흘렀어요. 그런데 앞서서 길을 가던 압둘라예가 방향을 잃었는지 갈팡질팡하고 있어요.

"이상하다. 이쪽이 맞는데?"

압둘라예는 헷갈리는지 한참 올라온 언덕 아래로 뛰어 내려가고 있었어요. 발밑에서 메마른 흙먼지가 뿌옇게 일어나 압둘라예의 까만 종아리를 허옇게 덮었어요.

"도대체 어딘데? 나 목도 마르고 힘들어 죽겠어. 길도 모르면서 날 끌고 온 거니? 다른 우물 가자고 할 때부터 알아봤어. 흥!"

루나는 슬슬 짜증이 나기 시작했어요. 마른 흙먼지가 일어나는 언덕에 털퍼덕 주저앉아 압둘라예 하는 짓만 살펴보았어요. 길 잃은 강아지처럼 왔다 갔다 하던 압둘라예가 한참 떨어진 곳에서 소리쳤어요.

"알아냈어! 이쪽이야."

압둘라예는 빨리 오라고 손짓을 했어요. 압둘라예가 가리킨 곳은 언덕을 넘어서 한참이나 걸어야 하는 곳이었어요.

드디어 시원한 나무 그늘이 있는 우물이 보이고, 그 앞에 물을 길러 온 또래 친구들과 어른들의 긴 행렬이 눈에 들어왔어요.

루나는 땀을 닦았어요. 압둘라예의 등도 땀으로 흥건히 젖었어요. 둘은 물통을 놓고 한참 기다리고 나서야 차례가 되어 물을 한 동이씩 얻을 수 있었어요.

루나는 허리에 묶은 끈을 풀어 능숙하게 물통을 얽어맸어요. 아직 어린 루나는 무거운 물통을 들 수는 없어요. 대신 머리에 이거나 등에 짊어져야 하는데 등에 걸치는 게 가장 편해요. 압둘라예와 함께 서로의 등에 물통을 지어 준 채 또 다시 길을 걸어야 했어요.

"물이 훨씬 깨끗하지?"

압둘라예는 자랑스럽게 말했어요.

"글쎄, 내가 볼 땐 똑같구만! 힘들어 죽겠는데 아무 물이나 먹으면 어때서……. 넌 오늘따라 왜 이리 유난스럽게 구는 것이니? 흥."

지쳐서인지 루나는 괜히 심술이 났어요. 루나의 표정이 안 좋은 것을 본 압둘라예는 루나 앞에 선 채 엉덩이를 씰룩대며 춤을 췄어요. 루나는 압둘라예의 엉덩이 춤을 볼 때마다 깔깔대며 웃거든요. 그런데 루나는 덥고 힘들어서인지 웃음도 나오지 않았어요.

등 뒤에 짊어진 물통은 뚜껑이 없어서인지 언덕길을 내려갈 때 우쭐우쭐 흔들리면서 자꾸 물을 토해 냈지요.

"동생 먹이려면 깨끗한 물을 길어야 해."

"칫! 네 동생은 뭐 별나냐? 이웃 마을의 물도 없어서 못 먹을 지경인데."

압둘라예가 루나를 보며 말했어요.

"루나, 우리 물통 지고 림보 게임 해 볼까? 대신 물을 한 방울도 흘리면 안 돼."

압둘라예는 언덕길을 걷다가 낮게 늘어진 나뭇가지 하나를 가리켰어요.

"봐라, 난 잘한다."

압둘라예가 다리를 구부리고 상체를 뒤로 젖혀 늘어진 나뭇가지 밑으로 빠져나갔어요. 등에 물동이를 짊어졌는데도 용케 물 한 방울 안 흘리고 빠져나갔어요.

"너도 해 봐라."

"싫어! 그러다 물 흘리면 어떡해."

"그러니까 게임이지. 나처럼 해 보라니까."

압둘라예는 으스대며 또 한 번 시범을 보였어요. 압둘라예 물통도 뚜껑이 없기는 마찬가지인데 물이 한 방울도 흐르지 않았어요. 압둘라예는 흰 이를 드러내며 자랑스레 웃었어요. 웃을 땐 압둘라예의 까만 눈동자가 유난히 반짝였어요. 루나도 슬쩍 장난기가 발동했어요.

"칫! 네가 하면 나도 할 수 있다."

루나도 물통을 진 채 낮게 늘어진 나뭇가지 밑으로 지나기 위해 몸을 뒤로 젖혔어요.

"그래. 잘한다. 다리를 조금만 더 구부려 봐."

압둘라예가 박수를 치며 응원을 보냈어요. 그러다 루나는 뒤로 자빠져 물동이와 함께 나뒹굴고 말았어요. 등에 진 물통은 내동댕이쳐져 언덕길을 쭈르르 굴렀어요.

"엄마야! 내 물!"

루나는 허겁지겁 물통을 잡았어요. 물통에 있던 물이 흙먼지 뿌옇게 일어나는 메마른 땅을 단비라도 되는 듯 적시고 있었어요.

"몰라 몰라! 아까운 물을 다 쏟았잖아. 이게 다 너 때문이야. 너 때문이라고!"

루나는 물통에 물이 조금밖에 남지 않은 것을 보고 기어코 울음을 터뜨렸어요.

"루나야. 미안, 미안! 내 물을 줄게."

압둘라예는 자신의 물을 조금만 남긴 채 루나에게 다 따라 주었어요. 루나는 압둘라예가 주는 물을 받아야만 했어요. 아침에 물을 길어 오지 않으면 루나가 학교에서 돌아올 때까지 엄마는 아무것도 할 수 없어요. 루나 엄마는 얼마 전 물을 긷다 허리를 다쳐 물을 길을 수도 없는 데다 요즘 아파서 누워 계시거든요. 루나가 길어 온 물로 매일 식구들이 살아가는 형편이에요.

"넌 항상 장난이 지나쳐서 탈이야. 이 먼 곳까지 오자고 할 때부터 알아봤어."

루나의 핀잔에 압둘라예는 죄인처럼 입을 꾹 다문 채 큰 눈만 끔벅이고 있었어요.

"너 학교 가기 싫으니까 괜히 그런 거지? 내가 모를 줄 알고?"

사실 루나는 공부를 잘하는데 압둘라예는 공부보다는 놀거나 운동하는 것을 좋아해요. 특히 수학 수업이 있는 날엔 일부러 학교에 늦게 가는 것을 루나는 잘 알고 있어요. 대신 자기가 좋아하는 체육 수업이 있는 날은 압둘라예는 신이 나요.

"아니야. 그런 거 아니야."

"그럼 왜 맨날 가던 우물을 마다하고 이 먼 곳까지 오자고 한 거니? 그깟 엉덩이 춤 보여 주려고? 칫, 넌 항상 유치해."

루나는 따가운 햇살만큼이나 말도 뾰족하게 나왔어요. 사실 압둘라예가 장난칠 때마다 루나는 재밌어서 깔깔 웃곤 했는데 오늘은 왠지 심술이 났던 거예요.

"그게 아니라……. 그제부터 동생이 아파. 아무래도 물을 잘못 먹어 전염병에 걸린 것 같아. 어제는 몸에 열이 펄펄 끓고. 이제 약도 다 떨어져서 병원에 가야 하는데. 너도 잘 알잖아. 우리 형편에 병원 가기 힘들다는 거……."

압둘라예가 주먹으로 슬쩍 눈물을 닦는 게 보였어요. 루나는 그 순간 가슴이 찌르르 아파 왔어요.

"동생이 열이 난다고? 바보! 그럼 진작 얘기하지. 난 그것도 모르고."

루나는 다시 물통에 있던 물을 압둘라예에게 따라 주었어요.

"괜찮아. 너희 엄마도 아프시잖아."

압둘라예가 마다했지만 루나는 물을 따라 주었어요. 결국 둘은 물을 똑같이 나눠 갖고 집으로 돌아왔어요.

  그날 루나가 압둘라예 집에 들르니 다섯 살짜리 토미가 정말 많이 아파 보였어요. 열도 높은 데다 하루 종일 설사를 했대요. 이런 동생을 위해 압둘라예는 오후에도 먼 길을 마다하지 않고 루나와 함께 또 물을 길어 왔어요.
  그날 밤 루나는 마당에서 밤하늘을 올려다보았어요. 별빛이 꼭 압둘라예의 까맣고 반짝이는 눈빛과 닮은 것 같았어요.
  '고마운 친구 압둘라예에게 화를 내다니.'
  생각할수록 아침의 일이 미안해졌어요. 며칠 전 아픈 엄마 대신 물을 긷느라 지쳐 있던 루나를 대신해 종일 물을 길어 주던 고마운 친구 압둘라예!
  루나는 갑자기 속상해졌어요. 동네에 우물이 없어 먼 곳까지 가서 물을 길어 와야 하고 그나마 오염된 물을 먹고 병이 걸린 토미를 생각하니 마음이 아팠어요. 제대로 된 물통 하나 사지 못해 뚜껑 없는 물통을 짊어지고 다녀야 하는 것도 슬퍼졌어요.
  "압둘라예 동생 토미가 빨리 병이 나아야 할 텐데……."
  루나도 전염병에 걸려 본 적이 있기 때문에 지금 압둘라예의 동생 토미가 얼마나 아픈지 잘 알아요.
  "에휴, 어떻게 하면 깨끗한 물을 쉽게 길어 올 수 있을까?"
  루나는 어두운 하늘에 수없이 물음표를 그리며 생각에 잠겼어요.
  '집 앞에 우물이 있으면 얼마나 좋을까. 아니야, 날마다 물을 긷지 않

아도 물의 신이 아침마다 항아리를 가득 채워 준다면 얼마나 좋을까?'

생각만으로도 좋아서 빙긋 웃음이 나기도 했어요.

'그러면 물을 긷느라 하루 다섯 시간을 허비하지 않아도 되는데…….'

그 시간에 공부를 하면 루나는 선생님이 되는 꿈도 이룰 수 있을 것만 같았어요. 또 축구 선수가 꿈인 압둘라예 역시 그 시간에 공을 뻥뻥 차면서 연습을 하면 세계적인 축구 선수가 되어 월드컵에도 나갈 수 있을 것 같았어요.

그때 문득 루나의 머리에 반가운 기억이 떠올랐어요. 그 일은 딱 일 년 전의 일이에요.

어느 날 마을에 국제 자선 단체의 대학생 오빠들이 찾아온 적이 있었어요. 그들은 해열제나 설사약 등 약품도 나눠 주고 먹을 것도 나눠 줬어요. 그중에서 코리아라는 나라에서 온 곰돌이라는 별명의 대학생 오빠는 루나를 귀여워했어요.

"루나, 힘든 일이 있으면 언제고 이 곰돌이 오빠에게 편지를 쓰렴."

마을에 머무는 마지막 날 곰돌이 오빠는 루나의 손에 주소를 적은 종이를 쥐어 주었어요.

그리고 다음 날 대학생 오빠들은 짐을 꾸려 마을을 떠났지요. 그때 루나는 눈물이 나오려는 것을 참았어요.

"그래! 그 오빠한테 편지를 써야겠어."

왠지 곰돌이 오빠에게 편지를 쓰면 마음이 위로될 것 같았어요. 루나는 아침에 있었던 일을 편지에 썼어요. 그리고 편지 마지막엔 이런 소망을 적었어요.

곰돌이 오빠,

우리 마을에도 언젠가는 꼭 우물이 생겼으면 좋겠어요.

그래서 친구들이 건강하고 행복했으면 좋겠어요.

저는 그런 날이 꼭 올 거라 믿어요. 그날을 위해서 루나는 더 열심히 공부 할 거랍니다!

오빠, 안녕!

루나는 열심히 쓴 편지를 마을의 제일 어르신인 바람 할아버지께 갖다 드렸어요. 바람 할아버지는 옛날로 치면 마을의 추장과도 같은 분인데 아는 것도 많고 아이들의 이야기를 잘 들어 주는 분이에요.

"오냐. 네 편지가 전해질 수 있도록 내가 힘써 보마."

그리고 몇 주간의 시간이 흘렀어요. 편지를 보낸 루나는 곰돌이 오빠에게 언제쯤 답장이 올까 두근두근 기다렸어요. 왠지 루나를 위로해 줄 기분 좋은 편지가 올 것만 같았거든요.

그러나 답장은 오지 않았어요. 그렇게 꽤 여러 날이 흘렀고, 루나는 편지를 보낸 사실조차 점점 잊고 있었어요.

그러던 어느 날 정말 믿기지 않는 일이 벌어졌어요. 국제 자선 단체에서 루나네 마을 사람들을 위해 이상한 선물을 가지고 온 거예요. 그 이상한 선물이란 바로 '굴러가는 물통'이었어요.

그 물통은 꼭 자동차 바퀴처럼 생기기도 했고, 또 가운데 구멍이 뚫린 도너츠처럼 생기기도 했어요.

"이 물통은 Q드럼이라고 해요. 끈을 당겨 통을 굴릴 수 있도록 디자인한 제품이에요. 이제부터 힘들이지 않고 편하게 그리고 깨끗하게 물을 길을 수 있답니다."

단체에서 나온 선생님이 물통에 대한 설명을 했어요. 마을 사람들은 Q드럼을 받고 기뻐했어요.

"루나의 편지 한 통 덕분에 마을 사람들 모두가 편하게 물을 긷게 됐어."

"이 물통은 얼마나 튼튼한지 10년 가까이 써도 닳지도 않고 끄떡없다지 뭐예요."

마을 어른들은 Q드럼을 신기하면서도 재미있게 바라보았어요.

"누가 디자인했는지 모르지만 딱 우리를 위한 물통이네."

마을 사람들 칭찬에 루나는 마음이 벅차올랐어요. 자신도 누군가에게 도움이 되고 고마운 일을 할 수 있다는 게 뿌듯했어요.

"제가 편지를 쓰게 된 건, 바로 나를 도와줬던 친구 압둘라예의 고마운 마음에 보답하기 위해서였어요."

굴러가는 물통은 정말 신기했어요. 루나가 밤하늘을 보며 수없이 물음표를 만들었던 덕분일까요? 그 물통은 알파벳 Q 자처럼 생겼다고 해서 이름도 'Q드럼'이래요.

바퀴처럼 생긴 물통에 달린 끈을 잡아끌면 아무리 먼 길도 쉽게 갈 수 있어요. 그리고 먼지가 들어갈 일도, 또 지난번처럼 물통을 떨어뜨려 아까운 물을 다 쏟을 일도 없어졌어요. 한 번에 길어 올 수 있는 물도 훨씬 많아요.

"루나. 네 덕분에 물 긷는 일이 즐거워졌어."

장난꾸러기 압둘라예는 요즘 Q드럼에 물을 담고 다람쥐처럼 마구 달려요.

"압둘라예. 그러다 다쳐. 천천히 좀 가!"

루나가 뒤에서 아무리 소리를 쳐도 압둘라예는 쌩 달려가요.

깨끗한 물을 긷기 위해 먼 곳까지 가지만 예전처럼 힘들거나 지치지 않아요.

'저 멋진 Q드럼을 생각한 사람도 어쩌면 나처럼 밤하늘에 물음표를 그렸는지도 몰라.'

루나 마음에도 샘물 같은 기쁨이 퐁퐁 솟아났어요.

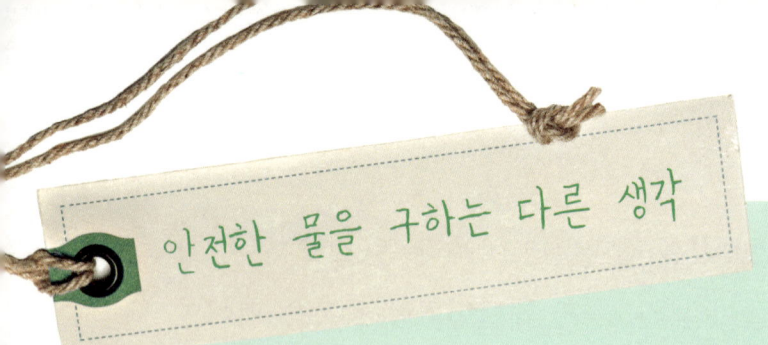

안전한 물을 구하는 다른 생각

빨대 정수기

아프리카의 물이 부족한 곳에 살고 있는 사람들은 수십 킬로미터나 떨어진 우물과 호수로 물을 길러 갑니다. 그래서 멀리서 물을 편리하게 길어 올 수 있도록 굴러가는 바퀴 모양의 물통을 만들었어요. 줄로 끌고 다니는 물통의 모양이 알파벳 Q 같아 'Q드럼'이라고 불리지요. 아이들이나 여성들도 힘들이지 않고 한 번에 많은 물을 옮길 수 있게 하였어요. 약 50L의 용량의 물을 한 번에 옮길 수 있다고 합니다.

ⓒ Vestergaard Frandsen

2. 굴러가는 물통, Q드럼

더 읽어 봐요

전 세계 인구 중 11억 명 이상이 아직 안전한 식수조차 제공받지 못하고 있어요.

이로 인해 매년 500만 명 이상이 질병으로 목숨을 잃지요. 에티오피아에서는 인구의 75% 이상이 오염된 물을 마시고 사용한다고 해요.

글로벌 사회적 기업인 베스터가드 프란센 그룹은 이와 같은 문제를 해결하고자 '라이프 스트로우'라는 독특한 빨대를 디자인했어요. 이 빨대는 오염된 물을 깨끗하게 하는 정수기예요. 이중 필터가 약 700L가량의 물을 정수할 수 있어 하루에 2L씩, 1년간 쓸 수 있다고 해요.

물속 미생물과 기생충의 99.9%, 박테리아의 98.2%를 박멸할 수 있다고 하니, 오염된 물을 마실 수밖에 없는 사람들에게 꼭 필요한 물건이지요.

ⓒVestergaard Frandsen

Photo from Vestergaard Frandsen

베스터가드 프란센 그룹은 1957년 덴마크 기업가에 의해 설립되었어요. 원래 원단 및 섬유를 파는 소규모 가족 회사였지요. 회사를 물려받은 현재의 CEO 미켈 베스터가드 프란센은 회사를 긴급 구호 장비를 전문적으로 만드는 회사로 탈바꿈시켰어요. 빨대 정수기 라이프 스트로우 말고도 플라스틱 대피소 '제로 플라이'도 만들었지요. 제로 플라이는 오지의 환경에서 더위와 해충을 막아 주는 물건이에요. 특히 지난 아이티 대재앙 때 현지 주민들에게 큰 힘이 되어 주었지요. 이 밖에 이들이 개발한 여러 장비들은 긴급 구호 현장에서 아주 유용하게 쓰여요.

CEO 미켈은 20대 때 떠난 아프리카 여행에서 각종 질병으로 인해 고통받는 사람들의 모습을 보고 큰 아픔을 느꼈어요. 인간으로서 누려야 할 최소한의 권리조차 보장받기 힘든 이들의 삶은 미켈에게 많은 영향을 주었지요. 아프리카 여행을 마치고 돌아온 미켈은 제3세계의 질병 문제를 해결할 수 있는 보건 사업가로서의 삶을 살기로 결심해요. 적어도 콜레라균, 장티푸스

균 등과 같은 기생충 때문에 죽어 가는 사람들이 더 이상 없어야 된다는 염원을 담아서 말이지요.

그렇게 탄생한 휴대용 빨대 정수기, 라이프 스트로우는 출시와 동시에 아프리카 사람들에겐 혁명적인 제품이 되어 옥스팜·유니세프 등 세계적인 구호 단체들에게 공급돼요. 또 최대한 저렴하고 품질이 좋은 제품을 생산해 많은 구호 단체들이 부담 없이 구입할 수 있게 했어요. 그 공을 인정받은 미켈은 덴마크 정부 경제 자문 위원과 세계 경제 포럼(WEF)이 선정하는 '영 글로벌 리더'로 뽑히기도 했지요.

ⓒVestergaard Frandsen

쉿, 기다려 봐!

Designer Andrea Ruggiero, Bengt Brummer
Photo from www.bengtbrummer.com

새 먹이가 되는 일회용 접시

일회용품이 썩는 데는 백 년이 넘게 걸리기도 해요. 하지만 일회용품을 꼭 써야 하는 경우도 있지요. 미국의 디자이너가 만든 접시 UFO는 새나 다람쥐가 먹을 수 있는 일회용 접시예요.

"하하하."

"호호호."

조용하던 숲속이 갑자기 왁자지껄했어요.

"에후, 또 사람들이 몰려왔군."

상수리나무 구멍 안에서 잠을 자던 다람쥐들이 한숨을 폭폭 쉬었어요. 사람들은 나무 아래에 큰 돗자리를 깔았어요. 그리고 배낭을 열어 도시락이며 과일이며 과자와 음료수를 가득 꺼내 놓았어요.

"와! 여기 정말 좋다. 나무도 울창하고 시냇물도 졸졸 흐르고."

한 아주머니의 목소리가 고요한 숲으로 왕왕 울려 퍼졌어요. 여름 햇살을 피해 조용히 쉬고 있던 숲속 동물들이 하나둘씩 일어났어요.

"툭하면 몰려와서 이렇게 떠들다가 쓰레기까지 버리고 가니 살 수가 없네."

아직 잠이 덜 깬 고라니가 툴툴거렸어요.
"그러게 말이에요, 이러다가 이 숲이 쓰레기통이 되겠는걸."
나무 위에 앉아 있던 산비둘기도 화가 나서 구구거렸어요. 칡넝쿨 아래서 코를 골던 멧돼지들도 일어나서 씩씩거렸어요.
"사람만큼 예의 없는 동물도 없을 거야."
동물들이 하나둘 상수리나무 아래로 모여들었어요.
"무슨 대책을 세워야지, 이거 안 되겠어요."
산새들이 분을 참지 못해 날개를 파닥거렸어요.
"맞아요. 사람들은 우리가 산만 내려가도 막 총을 쏴 대면서."
화가 난 멧돼지들도 훅훅 숨을 내뿜었어요.
"흠!"
바위 동굴 속에서 쉬고 있던 반달곰도 어슬렁

어슬렁 내려왔어요.

"어이, 곰 양반, 무슨 좋은 수가 없어? 자네는 사람들이랑 살다 와서 잘 알 거 아닌가?"

"맞다!"

동물들이 모두 반달곰을 바라보았어요. 반달곰은 아기 때 엄마를 잃었어요. 엄마 없이 굶어 죽을 뻔했는데 사람에게 구조되어 산을 내려갔지요. 그리고 일 년 뒤 다시 숲으로 돌아온 것이에요.

곰이 조용히 입을 열었어요.

"사람들은 딱 두 종류야."

"두 종류라고? 암컷, 수컷 이렇게 두 종류란 말이지?"

다람쥐가 자신 있게 말했어요. 반달곰이 가만히 고개를 저었어요.

"자연이나 동물들을 잘 보살피고 가꾸는 사람과 파괴하고 죽이는 사람, 이렇게 두 종류란 말이지."

"그만! 지금 그런 말을 할 때가 아니야, 어떡하면 사람들이 더 이상 이 숲으로 몰려오지 않게 하느냐 그 방법을 찾아야 해."

부엉이가 말하자 멧돼지가 코를 벌름거리며 대꾸했어요.

"내가 달려가서 확 받아 버리지 뭐."

"그건 너무 위험해. 이 숲에 멧돼지가 산다고 하면 너도나도 총을 들고 달려올걸."

반달곰이 조용히 말했어요.

"그럼 우리들이 떼로 가서 머리를 막 쪼아 버릴까?"

산새들도 씩씩거렸어요. 반달곰은 다시 고개를 저었어요.

"사람들이 눈치채지 못하게 조용하게 혼내 주는 방법을 찾아야 해."
"그러면…… 이렇게 하면 어떨까요?"
상수리나무 위를 오르락내리락하던 다람쥐가 쪼르르 내려왔어요.
동물들이 모두 머리를 맞댔어요.
"숨어서 혼내 주는 거예요. 나무 위에서 나뭇가지를 톡톡 떨어뜨리고."
다람쥐의 말에 산새들이 맞장구를 쳤어요.
"머리에 똥을 싸고 날아가고."
그 말에 숲속 동물들이 까르르 웃었어요.
"우리들도 씩씩거리며 무서운 소리를 내고."
멧돼지들도 싱글벙글 거들었어요.
"중요한 것은……."
반달곰이 말을 이었어요.
"우리들이 한 짓이라는 걸 몰라야 해. 만약 알게 되면 우리들을 해치려고 할 거야. 그러니까 조심해서 해야 해."
모두 고개를 끄덕였어요.
그렇게 하루해가 지고 서쪽 하늘에 붉은 노을이 가득 깔렸어요. 그제야 사람들이 돌아가고 숲은 다시 고요해졌어요. 그런데 멧돼지 엄마의 외마디 소리가 들렸어요.
"어서 뱉어, 사람들이 버린 쓰레기 먹지 말라고 했지."
"켁켁."
봄에 태어난 아기 멧돼지가 입에서 무엇인가를 토해 냈어요. 아기 멧돼지 입에서는 담배꽁초, 닭 뼈다귀, 김치가 잔뜩 나왔어요. 아기 멧돼지는 눈물을 찔끔거리며 입에 있던 것을 다 토했어요.

"사람들이 먹던 음식 먹으면 안 된다고 했잖아!"

엄마 멧돼지가 걱정스럽게 말했어요.

"엄마도 사람들 밭에 가서 감자랑 고구마랑 캐 먹었다고 했잖아요."

"그건 땅에서 나온 자연 그대로인 식량이지. 사람들은 음식에 고춧가루, 소금 같은 간을 많이 하잖아. 우리 동물들은 그런 걸 먹으면 안 돼."

뒤늦게 고라니가 허둥대며 달려 나왔어요.

"엄마 말씀이 맞아. 모든 동물들은 자연 그대로 먹이를 먹는데 사람들의 음식을 잘못 먹으면 몸이 아프다고."

"어쨌든! 우리 계획을 얼른 실천합시다. 이대로 가다간 이 숲이 엉망진창이 되겠소."

반달곰의 목소리에 힘이 들어갔어요.

밤이 기울자, 숲은 고요하고 아늑했어요. 하늘 높이 하얀 달이 뜨고 수억 년 전의 별빛들이 숲을 비춰 주었지요.

며칠 뒤, 다시 숲속이 시끌벅적했어요. 한 무리의 사람들이 다시 몰려온 것입니다. 한 젊은 남자가 사냥총을 쳐들며 말했어요.

"이 산에서 멧돼지가 나타난다기에 가지고 왔어요."

"잘했다. 멧돼지건 고라니건 나타나면 쏘면 돼. 사람들에게 피해 주는 동물은 죽여도 좋다고 군수가 말했어."

늙은 남자가 활짝 웃었어요. 아버지와 아들 같았어요. 그 말을 들은 멧돼지와 고라니들이 부르르 떨었어요.

"참으로 기가 막히다. 우리들이 먹을 산나물이며 열매며 싹 훔쳐 가면서 이젠 총까지 들다니."

고라니가 나무숲에서 사람들을 노려보았어요.

아무것도 모르는 사냥꾼들은 음식을 먹으며 놀았어요.

"더 이상 못 참겠어요. 빨리 혼을 내 줍시다."

다람쥐들이 재빠르게 나뭇가지를 타고 올라가며 말했어요. 반달곰이 조용히 신호를 보냈어요.

다람쥐들이 쉬쉬거리며 이 나무에서 저 나무로 가지를 타고 다녔어요. 그럴 때마다 나뭇잎들이 팔랑팔랑 하나씩 떨어졌어요. 나무 아래 앉아 있던 아주머니가 벌떡 일어났어요.

"잠깐만요, 무슨 소리가 나는 거 같아요. 나뭇잎들도 떨어지고……."

아주머니가 불안한 얼굴로 고개를 갸우뚱했어요.

"무슨 소리요?"

총을 든 젊은 남자가 주위를 두리번거렸어요. 숲은 고요하기만 했어요.

"걱정 마세요. 이 숲에는 아무도 안 살아요. 동물들이 나타나면 탕탕 쏴 죽이면 돼요."

젊은 남자가 의기양양하게 말했어요. 사람들은 다시 노래를 부르고 박수를 치며 놀았어요.

"출동 준비!"

산새들이 나무 위에서 신호를 보냈어요.

"총을 가진 놈이 있어. 한꺼번에 날면 위험해. 내가 먼저 날아갈게."

검은등뻐꾸기가 멋진 날개를 펼쳤어요. 검은등뻐꾸기는 털이 잿빛이라 눈에 잘 띄지 않았어요. 뻐꾸기는 조용히 날아가 늙은 남자 머리 위에 똥을 싸고 바람처럼 사라졌어요.

"아이고! 이게 뭐야?"

늙은 남자가 손으로 머리를 탁탁 쳤어요.

"비가 오나, 아닌데. 이거 새똥이잖아?"

늙은 남자가 '에이, 재수 없어.' 혼자 중얼거리며 시냇가로 달려갔어요. 그 뒤를 종다리와 동박새가 따라 날아갔어요. 새들은 조용히 날아가 사람들 머리에 똥을 찍찍 날려 보내고 사라졌어요. 흐뭇하게 바라보던 산비둘기가 힘차게 날았어요. 비둘기는 곧바로 총을 든 사람의 머리 위로 날아가 뿌직, 똥을 쌌어요. 그리고 귀신처럼 사라졌어요.

"으악! 내 얼굴에, 내 얼굴에."

새똥이 모여 앉은 사람들의 얼굴로 떨어졌어요. 젊은 남자는 펄펄 뛰며 냇가로 달려갔지요. 그때, 냇가 바위 뒤에 숨어 있던 멧돼지들이 '훅훅' 이상한 숨소리를 냈어요.

"어머나, 무슨 소리야?"

손을 씻던 아주머니들이 화들짝 놀랐어요.

그때 반달곰이 바위 위에서 큰 소리를 질렀어요. 반달곰의 우렁찬 소리가 나무 사이로 날아가 산을 울렸어요.

"우우우."

"아이고, 어서 내려가자. 산신령이 화나셨나 보다."

한 아주머니가 허겁지겁 짐을 챙겼어요.

"엄마! 괜찮아요. 산짐승 소리예요. 나타나기만 하면 총으로 그냥!"

"아이고, 시끄럽다. 어서 내려가자. 놀만큼 놀았다."

아주머니가 서두르자 사람들은 짐을 챙겨 하나둘 자리를 떴어요. 그제야 숲속 동물들도 안도의 숨을 쉬었어요.

"또 오면 어떡하지요?"

고라니가 불안한 듯 반달곰을 바라보았어요.

"그러면 또 놀려 주면 되지요."

산비둘기가 구구거렸어요.

"들키지 않을까요?"

다람쥐들이 조심스럽게 말했어요. 사람들이 떠났어도 동물들은 불안했어요.

그 뒤로 몇 번 사람들이 몰려오곤 했어요. 그럴 때마다 동물들은 조용히 사람들을 혼내 주었어요. 한번은 반달곰이 사람들 앞으로 가서 큰 소리 내어 울기도 했어요.

"곰이다. 저 곰을 잡아야지."

"안 돼! 반달곰은 보호 동물이야."

"에이, 여기는 위험한데, 다른 데로 가 보자."

사람들은 서둘러 산을 내려갔어요. 그 소문을 들어서인지 사람들 발길이 줄었어요.

다시 숲은 조용하고 깨끗해졌어요. 그러나 사람들이 버린 쓰레기는 그대로 쌓여 있었어요. 쓰레기는 숲속의 애물단지였어요. 나쁜 냄새도 나고 아기 다람쥐나 토끼들이 지나가다 유리 조각에 발을 다치기도 했어요. 썩지도 않는 쓰레기에서는 끔찍한 냄새가 났어요. 바람이 불거나 비가 내리면 냄새는 더 심해졌어요. 그러나 숲속 동물들은 쓰레기를 치울 방법이 없었어요.

"되도록 그 근처에 가지 마라."

어린 동물들에게 그렇게 주의를 줄 뿐이었어요.

"그래도 사람들이 몰려오지 않으니 살 것 같아요."

그러던 어느 날, 한 남자가 숲을 찾았어요. 남자는 상수리나무 아래 조용히 걸터앉았어요. 그리고 하염없이 산을 바라보다가 보온병을 꺼내 뚜껑에 커피를 따라 마셨어요. 진한 커피 향기가 나무 위로 솔솔 날아 올라왔어요.

"인간이 또 왔어."

다람쥐들이 코를 벌름거리며 나무 아래를 내려다보았어요.

"엄마, 사람 하나가 있어."

아기 다람쥐가 남자를 내려다보며 종알거렸어요.

어느새 숲에는 단풍이 울긋불긋 물들어 가고 있었어요. 상수리나무에도 도토리들이 알알이 달렸어요.

"톡."

아기 다람쥐가 남자 머리 위로 도토리 한 알을 던졌어요. 도토리는 데굴데굴 굴러 남자 앞에 떨어졌어요. 남자가 도토리를 주워 들고 나무 위를 바라보았어요.

"어서 숨어."

다람쥐들이 후닥닥 나무 구멍으로 몸을 감췄어요.

"안녕! 친구들아."

남자가 빙그레 웃으며 도토리를 땅에 놓았어요. 아기 다람쥐가 쪼르르 나무를 타고 부엉이 집을 찾아갔어요.

"부엉이 아저씨, 이상한 사람이 또 왔어요."

낮만 되면 쿨쿨 잠을 자는 부엉이가 겨우 눈을 떴어요.

"정말 지겨운 인간들이로구나."

부엉이는 조용히 일어나 날개를 펴고 상수리나무로 날았어요. 그리고 남자 머리 위로 찍, 똥을 싸고 휙 사라졌어요. 남자는 손수건을 꺼내 머리를 닦았어요. 그리고 아무렇지도 않은 듯 다시 앉았어요. 남자 앞에는 카메라가 놓여 있었어요. 카메라를 본 부엉이는 걱정이 이만저만이 아니었어요.

"저 이상한 물건을 들고 다니는 놈들도 조심해야 해. 지난번에는 우리 집에 저런 물건을 집어넣고 가 버렸잖아. 하루 종일 반짝거려서 잠도 못 자고 결국 집을 옮겼어."

무슨 일인지 그 남자는 자리에서 꿈쩍도 안 하고 밥을 먹고 작은 텐트를 치고 잠을 자는 거예요.

"아이고, 또 쓰레기를 버리고 가겠네."

숲속 동물들은 몸서리를 쳤어요. 며칠이 지나자 남자는 텐트를 걷고 가방을 챙겼어요. 그리고 배낭 안에서 커다란 비닐봉지를 꺼내 숲에 쌓인 쓰레기를 담았어요. 마지막으로 그동안 음식을 담아 먹었던 일회용 접시를 잘게 부수어 숲으로 던졌어요.

"맙소사, 막 던지고 가네."

숲속 동물들은 화가 나서 가슴이 벌렁벌렁 뛰었어요.

"알다가도 모르겠네. 숲속 쓰레기를 챙기면서 자기 쓰레기는 왜 숲에 던지고 가는 거야?"

남자가 숲을 빠져나가자마자 동물들은 일회용 접시 쓰레기를 찾기 시작했어요.

"쓰레기 조각을 찾아서 한군데 모아 둡시다. 여기저기 흩어져 있으면 아기들이 다칠 수도 있어요."

눈이 좋은 산새들이 먼저 풀숲을 뒤졌어요.

"여기 떨어져 있어요."

검은등뻐꾸기가 외쳤어요.

산새들이 바람처럼 날아와 접시 조각들을 입에 물었어요.

"어? 그런데 이건……."

산비둘기가 접시 조각을 콕콕 찍어 먹었어요.

"옥수수 알맹이로 만든 건데요."

"어, 감자 맛도 나는데 고소해."

3. 새 먹이가 되는 일회용 접시

숲속 동물들이 너도나도 모여 들었어요.

다람쥐도 오독오독, 산새들도 콕콕, 반달곰도 아삭아삭, 멧돼지도 우두둑, 접시를 깨물어 먹었어요.

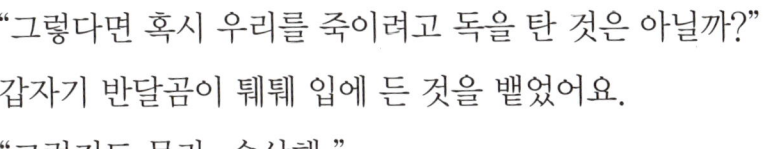

"그렇다면 혹시 우리를 죽이려고 독을 탄 것은 아닐까?"

갑자기 반달곰이 퉤퉤 입에 든 것을 뱉었어요.

"그럴지도 몰라. 수상해."

"퉤퉤."

동물들은 모두 입에 든 것을 토해 냈어요. 그리고 접시 조각들을 한곳에 모아 두었어요.

며칠 뒤, 남자가 다시 숲을 찾아왔어요.

"쉿! 또 왔어. 조심해."

남자는 다시 나무 아래 앉았어요. 보다 못한 반달곰이 바위 위에서 큰 소리를 질렀어요.

"우우우."

화가 난 반달곰의 소리가 가을 숲을 쩌렁쩌렁 울렸어요. 바람이 불자 나뭇잎들도 우수수 떨어졌어요. 그러나 남자는 조용히 앉아만 있었어요. 상수리나무 아래 텐트를 치고 밤이 되도 불을 켜지 않았어요. 달빛을 받은 채 나무처럼 앉아 있다가 텐트 안에 들어가 잠을 잤어요.

아침이 되자 남자는 가져온 음식을 접시에 담아 먹고 또 접시를 잘게 부숴 숲에 던졌어요. 조용히 지켜보던 동물들이 씩씩거렸어요.

"흥, 우리가 속을 줄 알고, 어림도 없다."

산비둘기가 날아가 머리 위에 오줌을 찍 갈겼어요. 동물들은 다시 회의를 시작했어요.

"도대체 왜 저러는 걸까요?"

토끼가 고개를 갸웃거렸어요. 그때, 아기 고라니가 깡충거리며 뛰어왔어요. 아기 고라니 입에 향긋한 버섯이 물려 있었어요.

"독이 아니에요, 저 사람이 버린 접시에서 버섯이 자라고 있어요."

"정말이냐?"

숲속 동물들은 모두 접시 조각이 쌓인 곳으로 달려갔어요.

"어, 쓰레기가 거의 사라졌잖아. 흙 속으로 들어갔나?"

고라니가 버섯을 따 먹었어요.

"독이 없는 게 확실해요. 쓰레기가 아니에요."

동물들 얼굴이 환해졌어요.

"내가 말했잖아. 사람들은 두 종류라고."

반달곰이 빙그레 웃었어요.

"저 사람은 자연을 소중하게 생각하는 사람이네요."

다람쥐가 말했어요.

그사이, 가을이 점점 깊어 갔어요. 남자는 며칠씩 숲에 있다가 사라졌어요. 산을 내려갈 때는 언제나 병이며 휴지며 숲에 있던 쓰레기를 배낭에 넣어 가지고 갔어요. 쓰레기가 조금씩 줄어들자 고약한 냄새도 조금씩 사라졌어요. 남자가 떠난 자리에는 접시 부스러기만 쌓여 있었어요. 그것은 새들과 숲속 동물들의 먹이가 되었어요.

"옥수수 맛이야."

"감자 맛도 나는걸."

이제 동물들은 남자를 기다리게 되었어요. 그 남자는 그렇게 한 번씩 조용히 왔다가 가곤 했어요. 숲에 쌓였던 병이며 플라스틱, 일회용 은박지 등 쓰레기는 이제 다 없어졌지요. 동물들은 더 이상 남자를 두려워하지 않았어요.

다람쥐들은 남자의 어깨 위로 올라가기도 했고 산새들은 카메라 위에 앉기도 했어요. 반달곰도 고라니도 남자가 던져 준 옥수수 접시를 맛있게 먹었어요. 남자는 나무처럼 앉아 있다가 조용히 내려갔어요. 남자가 떠난 자리에는 아무것도 없었어요.

어느덧 숲에 휭휭 바람이 불었어요. 이제 동물들도 슬슬 겨울 준비를 합니다.

"왜 그 아저씨가 안 오는 걸까?"

"겨울잠을 자기 전에 보고 싶은데."

다람쥐와 반달곰은 남자를 기다렸어요. 이제 상수리나무에는 나뭇잎이 하나도 없어요. 다람쥐들은 밤이며 도토리를 나무 구멍 집에 부지런히 날랐어요. 반달곰도 숲을 뒤지며 열심히 먹이를 찾았어요. 반달곰이 텅 빈 숲을 바라보며 중얼거렸어요.

"내일이면 겨울잠을 자러 들어갈 텐데……."

그때, 바스락바스락 나뭇잎을 밟으며 그 남자가 조용히 걸어왔어요.

"왔다."

동물들이 남자 옆으로 모여들었어요.

남자는 배낭 가득 메고 온 옥수수, 고구마 등을 숲속 동물들에게 던져 주었어요.

"겨울이 오기 전에 먹어 두어라."

남자는 다 쓴 일회용 접시를 던졌어요. 둥근 접시가 마치 UFO처럼 하늘을 날아갔어요. 산새들은 콕콕, 고라니도 아삭아삭, 접시를 맛있게 먹었어요. 남자는 그 모습을 조용히 카메라에 담았어요.

그렇게 겨울이 시작되었어요. 반달곰과 다람쥐들은 겨울잠을 자러 갔지요. 겨울 숲에 펄펄 눈이 내렸어요. 도시에도 하얀 눈이 내렸어요. 아저씨는 숲에서 찍은 사진을 모아 전시회를 열었어요.

'쓰레기, 새 생명을 얻다 — 환경 사진 전시회'

숲속 동물 사진이 전시장에 걸렸어요. 크리스마스를 이틀 앞두고 시내로 나온 사람들이 전시장으로 몰렸어요.

"어머! 귀엽다. 새들 좀 봐. 접시를 쪼아 먹네."

"반달곰이랑 다람쥐도 있어."

소녀들의 해맑은 목소리도 들렸어요.

전시장 옆에는 일회용 그릇을 팔고 있었어요.

"환경 사진 전시회라며 일회용품을 파네."

일곱 살쯤 되어 보이는 남자아이를 데리고 온 엄마가 일회용품을 바라보며 얼굴을 찡그렸어요.

"이건 쉽게 분해되는 접시예요. 게다가 새들이나 동물들이 먹을 수 있는 옥수수와 전분으로 만든 거예요."

전시를 안내하는 사람이 팸플릿을 건네주며 친절하게 말했어요.

"그래요?"

"네, 이 팸플릿도 재생 종이입니다."

아이 엄마는 진열된 일회용품을 찬찬히 둘러보았어요.

그때 사진사 아저씨가 커피 한 잔을 들고 와 아이 엄마 앞으로 내밀었어요.

"커피 좀 드세요. 이 커피 잔도 먹을 수 있는 것으로 만들었답니다. 커피 다 드시고 컵은 아이에게 주세요."

"와! 신기하다."

아이가 커피 잔을 보며 두 눈이 휘둥그레졌어요. 사진사 아저씨가 빙그레 웃었어요.

"가장 좋은 건 일회용품을 안 쓰는 거지만, 어쩔 수 없이 써야 할 때가 있어요. 이 접시들은 가격이 다소 비싸지만 미래의 아이들과 자연에게 저축하는 값입니다."

그제야 아이 엄마의 얼굴에 환한 웃음꽃이 피었어요. 그사이 아이는 쿠키 컵을 아삭아삭 맛있게 베어 먹었어요. 사람들은 신기한 표정으로 그 모습을 바라 보았어요.

사진사 아저씨는 눈 내리는 창밖을 조용히 바라보며 생각했어요.

'그 숲에도 눈이 내리겠구나.'

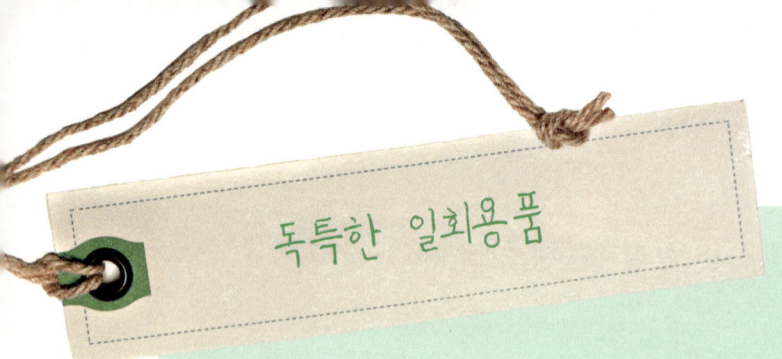

독특한 일회용품

물에 녹는 쇼핑백

 일회용품이 썩는 데는 백 년이 넘게 걸리기도 해요. 하지만 일회용품을 꼭 써야 하는 경우도 있지요. 미국의 디자이너가 만든 접시 UFO는 새나 다람쥐가 먹을 수 있는 일회용 접시예요. 이렇게 일회용품이지만 쉽게 분해되어 자연으로 돌아가도록 만들어진 것들이 있지요.

Designer Yves Behar • Photo from www.fuseproject.com

 우리가 평소 쓰는 비닐봉투는 가격이 저렴하며 물도 잘 새지 않고 가벼워서 무척 많이 쓰이지요. 문제는 비닐은 완전히 분해되지 않는다는 점이에요. 비닐을 불에 태우면 엄청난 양의 환경 호르몬이 발생해요. 그래서 비닐 소재는 환경 오염을 방지하기 위해 사용하지 않아야 할 대표적인 소재지요. 비닐

더 읽어 봐요

봉투를 줄이기 위해서는 국가적 차원의 규제도 중요하지만 무엇보다 비닐을 만들고 쓰는 사람들이 노력해야 해요. 스포츠 브랜드 푸마(puma)는 꾸준한 친환경 정책을 시행해 오며 생분해성 비닐 쇼핑백을 만들었어요. 이 쇼핑백의 이름은 클레버 리틀 쇼퍼, 겉으로 보았을 때는 일반적인 비닐 쇼핑백으로 보이지만 뜨거운 물에 담가 두면 3분 안에 완전히 분해되지요.

이 쇼핑백은 옥수수 전분과 잡초나 낙엽 같은 천연 퇴비를 활용해 만들었어요. 쇼핑백의 붉은색 역시 천연 색감으로 물들였기 때문에 환경에 무해해요. 쇼핑백을 사용한 후 그대로 물에 녹여 하수구를 통해 흘려보내면 되는 거지요. 다른 쇼핑백과 비교해서 모양도 뒤떨어지지 않지요.

푸마는 클레버 리틀 쇼퍼를 써서 매년 192톤의 플라스틱 사용을 억제하고 293톤의 종이를 절약할 수 있을 것으로 추정하고 있어요. 기업의 친환경 경영이 어떻게 구체화되고 현실화될 수 있는지를 잘 보여 준 사례지요. 친환경을 표방한 패션 회사는 아니지만 에코 디자인을 적극 도입함으로써 친환경적인 정책을 이어 가고 있어요. 그 첫 번째가 바로 상품을 담는 포장 디자인을 혁신하는 일이었던 것이지요. 물건을 만드는 회사들이 어떻게 환경에 도움이 될 수 있는지 보여 주는 사례예요. 이런 쇼핑백들을 적극적으로 사용하는 소비자의 선택도 중요하겠지요.

Photo from www.fuseproject.com

4

여왕의 소파

Photo from www.malafor.com

바람을 채워 넣은 소파

폴란드의 말라포르 디자인 스튜디오는 종이에 바람을 불어 넣어 소파를 만들었어요. 이 소파의 이름은 '블로우 소파(blow sofa)'. 필요할 때는 바람을 넣어 사용하고 불필요할 때는 바람을 빼서 접어 놓을 수 있어요.

여왕의 쇼파

"지겨워, 지겨워."

엄마의 목소리가 얼마나 큰지 모두들 동작을 멈추었어요. 텔레비전을 보던 아빠도, 소파 다리를 박박 긁어대던 고양이 얌체도, 게임에 빠져 있던 나까지도 말이지요.

"이 소파에 앉지 말라고 했잖아. 스펀지 폴폴 날리는 것 좀 봐."

내가 태어날 때 샀다는, 10살이 된 소파는 이제 할아버지가 되었어요. 게다가 고양이 얌체가 발톱으로 긁어대 군데군데 구멍이 뚫려 스펀지와 솜 부스러기가 꾸역꾸역 나왔어요. 엄마는 씩씩거리며 스펀지 조각들을 주웠어요.

"그러니까 새 소파 사자니까."

아빠가 툴툴거리며 일어섰어요.

"잠깐!"

엄마가 아빠를 불러 세웠어요.

"말 나온 김에 이 소파 재활용품 버리는 데 버리고 와요."

엄마는 그 말을 마치고 청소기를 막 돌렸어요. 얌체는 총알처럼 달아나 숨어 버렸지요. 아빠가 머리를 긁적이며 나를 바라보았어요.

"아들! 소파 버리러 가자."

"조금만요. 5분이면 끝나요."

나는 총알 세례를 피해 아슬아슬하게 적군 기지로 들어섰어요. 잠시 후면 지하 감옥에 갇힌 동료를 구해 적군 기지를 빠져나갈 거예요. 그러면 보너스를 받고 장군이 되어 새 기지로 투입되겠지요.

바로 그때, 엄마가 게임기를 확 낚아챘어요.

"당장 일어나지 못해."

엄마를 막 노려보려는 순간, 엄마의 큰 눈에서 불이 활활 타올랐어요.

"알았어요."

엄마에게 KO를 당한 우리 두 남자는 낡고 무거운 소파를 질질 끌며 현관문을 나섰어요.

"현우야! 빨리 엘리베이터 눌러라."

아빠는 겨우 현관을 나왔을 뿐인데 이마에 땀이 맺혔어요.

딩동, 엘리베이터 문이 열렸어요.

그런데…… 예상치 못한 곳에서 적군을 마주친 것처럼 당황스러웠어요. 소파는 크고 엘리베이터 문은 작았어요.

"소파 길이는 207센티미터다."

아빠가 신음하듯 중얼거렸어요.
"엘리베이터 문은 105센티미터야."
수학 선생님 아니랄까 봐 아빠는 정확하게 숫자로 말했어요.
"아빠, 어떡해요?"
"세워 보자."
말라깽이 아빠와 몸만 통통한 내가 낑낑거리며 소파를 세웠어요.
소파는 '쿵' 하며 엘리베이터 문을 들이받았고 엘리베이터는 그대로 문이 닫혀 위층으로 올라갔어요.
소란스러운 소리에 앞집 현관문이 열렸어요. 세 살 아기를 안은 시우 엄마가 우리를 보고 방긋 웃고는 얼른 문을 닫았어요. 우리 집 현관문도 열렸어요. 체격이 좋은 엄마가 쯧쯧, 혀를 찼어요.
'딩동' 하며 다시 엘리베이터 문이 열렸어요.
엄마는 한 번에 소파를 엘리베이터 안으로 밀어 넣었어요.
아빠와 나는 얼떨결에 엄마 손에 떠밀려 소파랑 함께 내려왔어요.
다시 엘리베이터 문이 열리고 소파를 꺼내려고 낑낑거리는 사이 경비 아저씨가 달려오셨어요. 아저씨 덕분에 일이 쉬웠어요.
"감사합니다. 재활용품은 어디다 버려야 하지요?"
경비 아저씨가 눈을 동그랗게 뜨셨어요.
"소파는 재활용이 안 됩니다. 돈 내고 버리셔야 합니다."
"얼마나 내야 하나요?"
"이만 원은 내셔야 할 겁니다."
"이만 원이요?"

4. 바람을 채워 넣은 소파

아빠의 입이 쩍 벌어졌어요. 내 머릿속도 복잡했어요. 이만 원이면 새 게임을 몇 개나 살 수 있는 돈입니다. 힐끔 아빠를 쳐다보았어요. 아빠가 입술을 잘근잘근 물었어요. 그건 숫자를 계산하는 겁니다. 아빠도 그 돈이면 자전거 여행을 한 번 더 갈 수 있다고 생각하는 듯했어요. 한 달에 한 번 아빠는 자전거 여행을 합니다. 그때 엄마한테 받아 가는 돈이 이만 원이에요. 아빠는 더 자주 자전거 여행을 가고 싶어 하지만 엄마는 "흥, 어림도 없는 소리!" 하며 들은 척도 안 하지요.

아빠는 곰곰이 생각하다가 말했어요.

"일단 올라갔다가 다시 올게요. 그동안 소파를 잠깐 여기 둘게요."

아빠는 긴 소파를 끌어서 경비실 앞에 놓았어요.

"바로 오셔야 합니다."

우리는 다시 엘리베이터를 타고 집으로 들어왔어요.

"재활용이 안 된대요?"

엄마가 고개를 갸우뚱했어요.

"그 안에 있는 게 전부 스펀지 같은 쓰레기뿐인데 당연히 안 되지."

"왜요? 겉은 가죽이고 다리는 쇠잖아요."

"가죽은 얌체가 다 긁어대서 구멍이 숭숭 뚫렸잖아."

아빠의 말에 엄마가 얌체를 노려보았어요.

"이 건방진 똥 덩어리."

"야옹."

얌체는 모르는 척하며 식탁 아래로 가서 데굴데굴 굴렀어요. 엄마가 아빠에게 이만 원을 건넸어요. 아빠가 다시 내려가자고 눈짓을 했어요.

엘리베이터 안에서 아빠가 돈을 만지작거리며 말했어요.

"아들! 길 건너에 중고 가구점 있지, 거기 가서 소파 살 생각이 있는지 물어보고 오자."

"재활용이 안 된다고 했잖아요."

"그래도 저거 살 때 비싸게 줬으니까 일단 휴대 전화로 사진 찍어서 물어보자고."

아빠는 경비 아저씨 눈치를 보며 찰칵찰칵, 사진을 찍었어요. 그리고 가까운 중고 가구점을 돌았어요.

"소파는 안 사요. 재활용도 안 되는 물건입니다. 버리세요."

"요새 누가 소파를 삽니까."

모두 한마디로 거절입니다.

다리에 힘이 쭉 빠졌어요. 아빠는 경비 아저씨에게 이만 원을 건네주었어요.

"그럼, 부탁드립니다."

우리의 낡은 소파는 그렇게 쓰레기가 되었어요. 나는 엘리베이터를 타면서 힐끔 소파를 돌아보았어요. 낡은 소파가 '이놈, 나를 버리다니!' 하며 소리를 지르는 것 같았어요.

"이제, 소파 따윈 사지 말아요."

"왜?"

"어쩐지 마음이 찡해요. 재활용도 안 된다잖아요."

"네 말이 맞다, 문제다! 문제. 집집마다 소파는 하나씩 다 있을 텐데 재활용이 안 되면 저 소파들은 다 쓰레기잖아."

"그러게요. 땅에 파묻을 수도 없고 바다에 버릴 수도 없잖아요."

아빠가 쩝 입맛을 다셨어요.

"요즘은 쓰레기를 가난한 나라에 팔거나, 우주로 보낸다는데……."

"그건 불공평해요. 우리가 버린 쓰레기를 다른 나라에서 책임져야 하다니. 게다가 우주까지 더럽히다니요."

현관문을 열고 들어서니 소파가 있던 자리가 휑하니 비어 보였어요. 엄마는 그사이 인터넷 쇼핑에서 소파를 알아보고 있었어요.

"여보! 이거 어때? 겉이 천으로 된 거라서 얌체가 긁어도 상관없을 거 같아."

아빠는 시무룩한 얼굴로 컴퓨터 화면을 보며 말했어요.

"어차피 저것도 재활용이 안 되잖아. 버릴 때 돈 내야 하고."

"그렇게 따지면 아무것도 못 먹고 아무것도 못 사요. 스마트폰에 필요한 콜탄은 얼마나 잔인하게 캐는 줄 알아요? 콩고의 서식지에 사는 고릴라 다 몰살시키고 콜탄을 캐 오는 거잖아요."

"콜탄이 뭐예요?"

"휴대 전화 전자 회로에 쓰는 물질이야."

아빠가 조용하게 말했어요.

"흠, 찾아보면 재활용이 되거나 쓰레기가 되지 않는 소파가 있을 거야."

"그럼 찾아보던지!"

엄마가 입을 삐죽 내밀었어요.

아빠는 엄마 대신 컴퓨터 앞에 앉았어요. 부엌으로 간 엄마는 아주 요란한 소리로 도마질을 했어요.

"소파를 사지 말자는 게 아니라, 친환경 소파가 있는지 찾아보자는 건데……."

"그러니까 천으로 된 소파 사자는 거잖아요. 천만 갈아 주면 오래 쓰니까."

그때 아빠가 나를 불렀어요.

"아들!"

아빠의 목소리에 힘이 들어갔어요.

"이거 봐라, 친환경 디자인 전시회에서 상 받은 소파가 있네."

"어떤 건데요."

"블로우 소파라고 공기를 넣어서 만드는 거지."

"와! 신기하다. 풍선 같은 거네요."

"공기 빠지면 푹 주저앉을 거 아니야? 더러워지면 세탁은 어떻게 하고?"

엄마는 여전히 못마땅했어요. 인터넷에서 본 천 소파가 퍽 마음에 든 것 같았어요.

"바람이 빠지면 다시 집어넣으면 돼. 종이로 만들었으니 재활용하면 되지. 무엇보다 쓰레기도 안 나오니 좋다는 거야."

"흥, 바람 빼서 당신 자전거에 싣고 다니면서 앉으면 되겠네."

엄마는 그 말을 하고 입을 꼭 다물었어요. 저녁을 먹는 동안 한마디도 안했어요.

소파가 있던 자리에는 초록빛 카펫만이 깔려 있었어요. 아빠는 다시 턱을 괴고 인터넷을 검색했어요. 그 틈을 타서 나는 다시 게임을 했지요. 얌체는 내 다리 위에 얼굴을 대고 골골거리며 잤어요. 그러나 그 평화는 30분도 못 가 다 깨졌어요.

"당장 게임기 안 치워!"

엄마가 튀어나와 소리를 질렀어요.

"아유, 이놈의 고양이 털."

엄마는 늦은 저녁인데 또 청소기를 돌렸어요. 엄마가 화나면 얌체는 늘 야단을 맞아요. 얌체는 저수지에 빠져 있던 것을 아빠가 구했어요. 엄마는 얌체를 좋아하지 않아요. 얻어먹는 주제에 게으르다고 이름도

'얌체'로 지었지요.

　아빠가 가만히 컴퓨터 의자에서 일어났어요. 그리고 청소기를 돌리는 엄마 손을 잡았어요.

　"여보! 이리 와 봐."

　아빠는 엄마를 컴퓨터 앞에 앉혔어요. 엄마가 마우스를 움직이며 화면을 보았어요. 그러더니 이내 얼굴을 찡그렸어요.

　"이게 뭐예요? 풍선도 아니고 튜브도 아니고. 소파는 안락한 의자라는 뜻이에요. 차라리 베개를 깔고 앉는 게 낫겠네."

　벌떡 일어서려는 엄마를 아빠가 다시 앉혔어요.

　"조금 더 잘 생각해 봐. 아들! 너도 반대냐?"

　아빠가 풀이 죽은 얼굴로 물었어요.

　"난 공기 소파에 앉아 보고 싶어요. 재미날 것 같아요."

　"그래? 무엇보다 폐기물이 생기지 않는 물건이 가까이 있으면 볼 때마다 경각심이 들지 않겠니?"

　볼수록 신기했어요. 안 쓸 때는 접었다가 필요할 때 공기를 넣어서 쓸 수 있었어요. 그리고 공기로 채워져서 쓰레기 문제도 걱정이 없었어요.

　"그런데…… 내가 앉으면 펑 터지지 않을까요?"

　나는 볼록한 아랫배를 내려다보았어요. 아빠가 빙그레 웃었어요.

　"철제 받침대랑 튼튼한 끈이 받쳐 줘서 100킬로그램 정도의 무게도 끄떡없단다."

　아빠는 서슴없이 카드를 꺼냈어요. 그리고 작은 소파를 네 개 샀어요. 얌체 것까지 말이에요. 작은 것 네 개를 이으면 하나의 큰 소파가 되기도 하지요.

"쉿! 일단은 엄마에게 비밀로 하자."

"네!"

소파를 기다리는 동안 설레였어요. 공기 소파는 과연 어떨지, 새 게임을 시작하는 기분이었어요. 그리고 삼 일 뒤, 아빠는 커다란 박스를 들고 들어섰어요.

"그게 뭐에요?"

엄마의 눈이 휘둥그레졌어요.

"음, 별거 아니야."

아빠는 엄마 눈치를 보며 후닥닥 서재 방으로 들어갔어요. 내가 쪼르르 따라갔어요. 얌체가 내 뒤를 따라 들어왔어요.

"와, 이게 소파예요?"

상자 안에는 납작한 재생용 종이와 헝겊과 공기를 넣는 기구가 있었어요. 아빠는 고개를 끄덕이며 재생 용지를 펼쳤어요. 그 안에 공기를 넣으면 소파가 되는 것입니다. 아빠는 바람 넣는 기구를 들며 말했어요.

"이 기구만 있으면 어디서나 소파를 만들 수 있단다."

아빠는 작은 구멍으로 공기를 넣기 시작했어요.

쑤우쑥 쑤우쑥 바람이 들어가자 종이가 자꾸 부풀어 올랐어요.

"와, 내 배보다 뚱뚱해졌다."

바로 작은 소파가 완성되었어요. 아빠는 열심히 공기를 넣었어요. 세

개의 소파가 완성되었어요. 얌체 소파는 작고 바람도 덜 들어갔어요.

"얌체가 낡아서 터트리면 안 되니까 조금만 넣어 주자."

"엄마 거는요?"

"쉿! 일단 엄마에게 비밀이야."

아빠랑 나랑은 소파를 하나씩 들고 거실로 나왔어요.

저녁을 차리던 엄마가 힐끔 돌아보았어요.

"그게 뭐야."

"그냥, 텔레비전 볼 때 여기 앉아서 보려고."

아빠는 엄마 눈치를 살피며 아무렇지도 않게 말했어요.

이번에는 엄마가 나를 보며 물었어요.

"넌 거기 앉아서 게임하려고?"

"그게 아니라……."

"어서 와서 밥 먹어."

엄마는 더 이상 아무 말을 안 했어요. 난 엄마 눈치가 보여서 내 소파를 들고 방으로 들어와 숙제를 하는 척했어요. 얌체는 자기 소파에서 골골대며 자고 있었어요. 이 소파는 가벼워서 들고 다닐 수도 있어요. 게다가 꽤 편안했어요.

조금 있자 엄마가 방문을 살짝 열길래 난 미리 겁에 질려 말했어요.

"나 게임 안 해요. 숙제하는 중……."

엄마가 힐끔 내 소파와 얌체 소파를 보며 중얼거렸어요.

"고양이도 있는 소파 나만 없네."

나는 '엄마 소파도 있어요.' 하고 말할 뻔했어요.

내일은 일요일, 모처럼 우리 가족은 바람 공원으로 나들이를 가기로 했어요. 얌체만 빼고요. 얌체는 집 밖에 나가는 걸 가장 무서워하거든요.

어젯밤에, 아빠는 배낭에 엄마의 소파랑 바람 넣는 기구를 넣었어요.

엄마는 나들이 가는 아침인데도 얼굴이 어두웠어요. 소파 때문에 그런 것 같았지요.

우리는 작은 차에 짐을 싣고 바람 공원으로 달렸어요.

5월 햇볕이 제법 따뜻했어요. 아빠는 나무 아래 돗자리를 깔았어요. 그리고 슬그머니 어디론가 사라졌어요. 엄마는 과일을 깎고 도시락을 열었어요.

"아빠, 어디 가셨니? 아빠 모시고 오렴."

바로 그때, 아빠가 나무 뒤에서 짠 나타났어요.

"여왕마마, 여기 앉으시지요."

엄마의 소파가 5월 햇빛에 더 화사하게 빛났어요.

"어머!"

웬만해서 놀라지도 않는 엄마의 눈이 휘둥그레졌어요.

"이게 뭐야?"

"당신 소파야."

아빠가 엄마를 바람 소파 위에 앉혔어요. 그리고 머리에 장미 한 송이를 꽂아 주었어요.

"와! 정말 여왕 같아요."

엄마는 어쩔 줄 몰라 했어요.

"이게 그 소파야?"

아빠가 고개를 끄덕였어요.

"건호의 미래를 위해서라도 우리가 쓰레기를 줄여 줘야지."

"이렇게 들고 다닐 수도 있어? 제법 편리하네."

씩씩하고 무섭기만 하던 엄마의 얼굴이 살짝 붉어졌어요.

"고마워요. 우리 이제 김밥 먹자."

엄마는 밥을 다 먹고 나서도 소파 위에서 내려오지 않았어요. 소파를 베고 누웠다가 소파에 턱을 대고 책을 읽기도 했어요. 집으로 돌아와 엄마는 네 개의 소파를 하나로 길게 이었어요.

"내가 가운데 앉는다."

엄마의 소파는 아빠와 내 소파 사이에 자리를 잡았어요.

"네! 여왕마마니까요."

얌체의 소파는 내 옆에 맨 끝자리였어요.
"얌체는 시녀라 맨 끝이야."
엄마가 얌체를 보며 말했어요.
"야옹."
얌체는 여왕 따윈 관심이 없다고 말하는 것 같았어요.
나는 스티커에 '여왕 소파'라고 써서 엄마 소파에 붙여 주었지요.

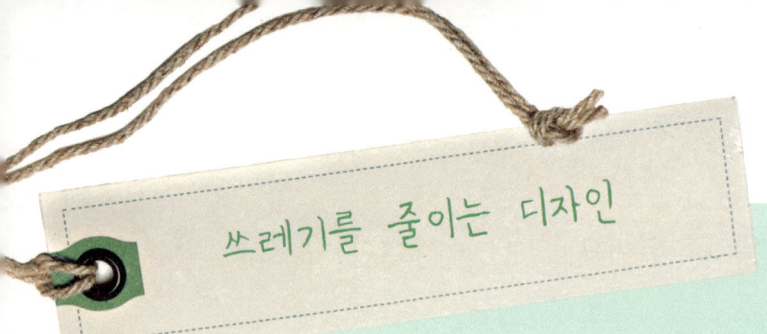

쓰레기를 줄이는 디자인

포장지가 되는 잡지

폴란드의 말라포르 디자인 스튜디오는 종이에 바람을 불어 넣어 소파를 만들었어요. 이 소파의 이름은 '블로우 소파(blow sofa)'. 필요할 때는 바람을 넣어 사용하고 불필요할 때는 바람을 빼서 접어 놓을 수 있어요. 지구 자원을 덜 사용하는 이런 디자인을 더 알아볼까요?

지구 자원을 아끼기 위해 가장 중요한 것은 물건의 활용성을 높이는 것이

Photo from www.malafor.com

4. 바람을 채워 넣은 소파

더 읽어 봐요

에요. 자원이 덜 사용되고 물건의 활용성이 높아지면 그만큼 물건의 수명이 늘어나지요. 물건의 수명이 늘어나면 버려지는 쓰레기를 줄일 수 있고요. 에코 디자인이란 단지 버려진 물건을 재활용하는 것만을 뜻하지 않아요. 물건이 버려질 때까지 고려한 디자인을 말하지요. 쓰레기가 적게 나오게 하고 여러 용도로 활용할 수 있는 아이디어가 필요해요.

옛날에는 책을 포장할 때 잡지를 자주 이용했어요. 좋아하는 연예인의 얼굴이 담긴 잡지를 뜯어 교과서를 포장하기도 하지요. 그러나 현재는 잡지를 그냥 버리기 마련이에요. 예쁜 잡지를 활용해 보고 싶어도 가위로 일일이 잘라야 해서 번거롭지요. 영국의 디자인 잡지 'wrap magazine'은 일반 잡지와 달리 붙임 제본이 되어 있지 않아요. 그냥 잡지가 겹겹이 접혀 있을 뿐이지요. 바로 잡지를 포장지로 활용할 수 있게 만든 아이디어예요.

Photo from www.wrapmagazineshop.com

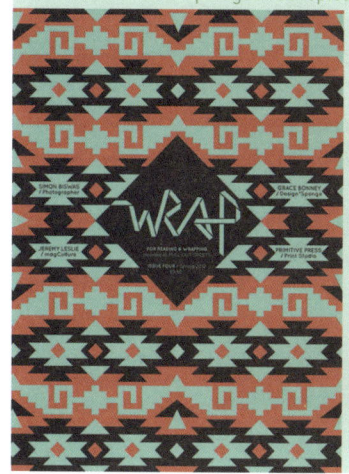

일반적으로 판매하는 포장지라 해도 믿을 정도로 예쁜 색감이 돋보이지요? 그림의 사이즈 역시 다양한데 보통 한 페이지가 하나의 그림일 경우는 그대로 쓰도록, 그림이 작거나 나누어져 있을 경우 절취선을 따라 쉽게 뜯어 사용할 수 있도록 했어요. Wrap magazine은 지난 2010년 디자이너 크리스 해리슨과 폴리 글라스에 의해 창간되었는데 평소 환경 문제에 관심이 많던 이들은 하루에도 수십 권씩 쏟아져 나오는 잡지들의 홍수 속에서 버려지는 종이에 대한 문제의식을 갖게 되었어요. 그래서 잡지를 창간하면서 더 창의적으로 재활용할 수 있는 방법을 함께 연구한 것이지요.

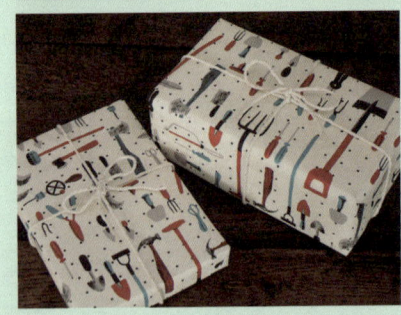

Photo from www.wrapmagazineshop.com

더 읽어 봐요

　잡지에 사용된 종이 역시 100% 재생 용지를 활용하고 또 식물성 잉크만을 사용해 환경에 해를 줄였어요. 잡지를 만드는 과정에서 활용도까지 모두 환경을 향한 진심이 느껴져요. 재미난 것은 잡지 용도로 구매하는 고객도 있지만 포장지 용도로 구매하는 고객이 점점 늘고 있다는 점이에요. 보기 위한 잡지에서 활용을 위한 잡지로 진화한 것이지요.

Photo from www.wrapmagazineshop.com

　우리가 사는 동안 과연 몇 개의 물건을 소비할까요? 날마다 소모되고 있는 자원을 조금이라도 덜 쓰기 위한 생각들이 필요해요. 굳이 옛사람들의 검소한 삶을 되짚지 않아도 디자인에 환경을 위한 배려를 담으면 어떨까요? 그러기 위해선 사용자들이 쉽게 참여할 수 있도록 참신한 아이디어가 필요하겠지요.

5

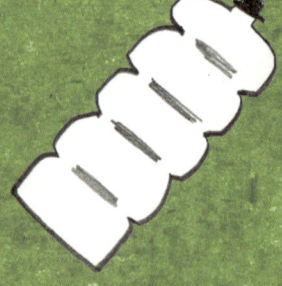

착한 기술, 착한 전구

Photo from Liter of Light

페트병, 물, 세제로 빛나는 전구

필리핀에 널리 보급되고 있는 페트병 전구는 페트병에 물과 세제를 넣어 만든 거예요. 물을 넣은 페트병에 햇빛이 내리쬐면 빛이 퍼지는데, 여기에 세제를 넣어 이 작용이 활발히 일어나게 했지요.

착한 기술, 착한 전구

한별이가 저녁 식사를 기다리며 엄마를 도와주고 있었어요. 갑자기 한별이네 집이 캄캄해졌어요.

"아, 뭐야!"

한별이가 놀라서 옆에 있던 삼촌의 팔을 꼭 잡았어요.

"정전이네. 잠깐만 기다리고 있어 봐. 내가 나가 보고 올게."

삼촌이 휴대 전화를 켜고 겨우 밖으로 나갔어요.

"엄마얏!"

삼촌을 따라 나가려던 한별이가 무언가에 걸려 넘어질 뻔했어요. 마침 손전등을 찾아낸 엄마가 불을 비춰 주었어요.

"한별아, 불 들어올 때까지 여기 꼼짝 말고 있어."

엄마도 한별이 옆에서 삼촌이 오기만 기다렸어요.

"누나, 우리 동네로 들어오는 전깃줄이 끊어졌대요. 신고도 했다니

곧 고쳐지겠지요."

삼촌이 엄마에게 말하며 더듬더듬 한별이에게 왔어요.

"아, 무서워. 이렇게 어두우면 어떻게 살지?"

한별이가 걱정스런 목소리로 중얼거렸어요.

"밤에 불이 없으면 집 안이 캄캄한 건 당연하지. 그런데 낮에도 집 안이 캄캄해서 사람들이 밖에서 지내야 하는 곳도 있어."

"대낮에도 캄캄하다면 굴속에 사는 거예요?"

한별이가 우습다는 듯 말했어요.

"내가 지난여름에 봉사활동 다녀온 필리핀 이야기야. 그곳뿐만 아니라 세계 곳곳에 아직도 전기가 들어오지 않거나 전기료가 비싸서 불을 켤 수 없는 가난한 동네가 많단다."

한별이는 그 말이 믿기지 않는지 아무 대답이 없어요.

"한별아, 이리 와 봐. 누나도 오세요. 불이 들어올 때까지 내가 특별한 걸 보여 줄게."

삼촌은 충전이 돼 있던 노트북을 켰어요.

"꼭 보여 주고 싶은 자료가 있는데 잘됐어. 지난여름 필리핀에서 촬영한 동영상이야."

삼촌이 동영상 시작 표시를 눌렀어요. 삼촌의 노트북에서 나온 빛이 캄캄한 방 안을 희미하게 비추었어요. 엄마도 한별이 뒤에서 함께 영상을 보기 시작했지요.

영상이 움직이며 얼굴이 까맣게 그을린 삼촌이 나타났어요. 삼촌은 한별이를 보고 이를 드러낸 채 환하게 웃었어요. 옆에 있던 삼촌이 어느새 그 동영상 안으로 들어간 것 같았어요. 한별이도 삼촌을 보고 따라 웃었지요.

이곳에 나와 똑같은 사람들이 살고 있습니다.
그러나 이곳은 내가 살던 곳과는 아주 다른 환경입니다.
이곳 사람들은 우리가 무심코 사용한 것들을
한 번도 사용해 본 적이 없습니다.
지금 우리가 하고 있는 작은 일이 이들에게 얼마나 큰 기쁨과 희망을
안겨 줄 수 있는지 상상할 수 있을까요?
자, 그럼 이곳으로 오는 문을 열어 드리겠습니다.
여기서 착한 사람들이 만들어 낸 착한 기술의 힘과
희망을 만나게 될 것입니다.

눈앞이 회오리치듯 돌더니 지저분한 기찻길이 보이기 시작했어요.
기찻길에서 한 걸음도 안 떨어진 곳에 누더기처럼 녹슬고 찌그러진 집들이 다닥다닥 붙어 있었어요. 한 골목에서 아이들 몇 명이 맨발로 뛰어나오더니 기찻길을 따라 달리기 시작했어요. 그 아이들 뒤를 어느새 한별이도 맨발로 따라가고 있었어요.
"야, 위험해. 기차가 오고 있잖아!"
누군가가 소리치며 한별이 팔을 잡아끌었어요.

"넌 기차가 오는 줄도 몰라? 이곳에 사는 사람이면 언제 기차가 들어오는지 다 알고 있다고. 잘못하다간 기차에 치인단 말이야."

그 아이는 무척 놀란 얼굴로 겁에 잔뜩 질린 한별이 팔을 꽉 잡고 놓지 못했어요.

모여 있던 아이들은 제각각 기찻길 옆에 늘어선 판자집 벽에 바싹 붙어서 기차가 지나가기만 기다렸어요. 기차가 다 지나가자 그 아이는 한별이를 잡았던 손을 놓고 그제야 해맑게 웃었어요.

"이제 됐다. 다음 기차는 이따 저녁에나 지나가니까 그때까지는 마음 놓고 여기서 놀아도 돼. 우리 마을에서 가장 큰 놀이터가 바로 이 기찻길이니까."

그 아이는 다른 아이들을 불러 모으기 시작했어요.

"호세, 나도 끼워 줘!"

흔들거리는 나무 문짝을 밀치고 아이들이 달려왔어요.

"네 이름이 호세구나. 난 한별이."

호세가 한별이 어깨를 툭 치며 반갑다는 인사를 대신했어요.

한별이는 호세와 한참을 뛰고 놀았어요.

"참, 우리 할머니 약을 드려야 해. 너희들 놀고 있어. 나 집에 갔다 올게."

호세가 기찻길 옆으로 난 골목으로 뛰어가자 한별이도 호세 뒤를 따라 뛰었어요.

골목은 한 사람이 겨우 지나갈 수 있을 정도로 비좁았어요.

호세가 멈춘 곳은 기찻길 옆에서 보았던 집들과 비슷했어요. 호세를 따라 한 집으로 들어갔어요. 어두컴컴한 방 안에서 끙끙 앓는 소리가 들렸어요.

"우리 할머니야. 약을 드셨는데도 몹시 아픈가 봐."

"어디가 아프신데? 이렇게 어두운 곳에 혼자 계셔도 돼?"

한별이도 걱정이 되어 물었어요.

"할머니는 어두운 집 안에서 물건을 찾다가 넘어져서 다리를 다치셨어. 병원도 너무 멀어서 자주 갈 수가 없거든. 그래서 내가 시간 맞춰 약을 드리는 거야. 걸을 수가 없으니 어두워도 안에만 계셔야 해서 나

도 속상해. 그러니까 너도 조심해."

호세는 한별이 팔을 잡고 더듬거리며 할머니에게 갔어요.

호세는 더듬더듬 약봉지를 찾아 할머니 손에 약을 겨우 놓아 주었어요.

"에구, 이 할미가 알아서 먹어도 되는데."

어둠 속에서 약을 받아 든 할머니는 오히려 호세를 걱정했어요.

호세가 주전자를 들어 컵에 물을 따랐어요. 그런데 물이 든 컵을 할머니에게 건네다 한별이 옷에 쏟고 말았어요.

"아, 미안! 잘 보이질 않아서 그랬어."

호세는 한별이 옷이 젖은 것이 미안해 어쩔 줄 몰랐어요.

"어두워서 그런걸. 괜찮아."

한별이와 호세는 또다시 조심해서 물을 따라 할머니에게 드리고 밖으로 나왔어요.

호세는 할머니가 걱정이 되어 자꾸 뒤를 돌아보았어요. 골목길에 봉사 활동을 하고 있던 청년들이 노란 옷을 입고 호세네 집 쪽으로 오자 한별이 얼굴이 환해졌어요. 봉사 활동을 하는 청년 중 삼촌이 보였어요.

"와, 삼촌!"

한별이가 부르자 삼촌이 손을 흔들어 주며 소리쳤어요.

"호세, 오늘 너의 집에 천사가 오실 거다."

삼촌의 말에 호세는 무슨 말이지도 모르고 펄쩍펄쩍 뛰며 좋아했어요. 삼촌의 뒤에 어느새 동네 아이들이 우르르 따라왔어요.

다른 청년과 마찬가지로 삼촌도 함석판에 끼워 붙인 페트병을 손에 들고 있었어요. 페트병 안에는 투명한 액체가 가득 담겨 있었어요.

"이 안에 뭐가 들었어요?"

한별이도 궁금했지만 호세가 먼저 삼촌에게 물었어요.

"음, 사랑의 빛이 가득 차 있지. 호세야, 한별아, 이것을 나누도록 날 좀 도와 줘."

삼촌은 지붕에 올라가려고 사다리를 지붕에 걸쳤어요.

'빛은 무슨 빛! 도대체 이런 폐품으로 뭘 하겠다는 거지?'

한별이는 하찮은 페트병을 대단한 물건인 듯 여기며 지붕으로 올라가는 삼촌을 보고 고개를 갸웃거렸어요.

"한별아 뭐 하니? 너도 어서 올라와."

한별이는 재미 삼아 지붕으로 올라갔어요.

삼촌은 슬레이트 지붕을 페트병 둘레만큼 둥글게 깬 다음 페트병이 끼워져 있는 함석판을 그 위에 대고 못으로 고정시켰어요. 그런 다음 덧댄 함석판과 지붕 사이로 비가 스며들지 못하게 방수 제품으로 꼭꼭 메웠어요. 동네 사람들은 호기심 어린 눈으로 지붕 위에 있는 삼촌에게서 눈을 떼지 못했어요.

햇볕이 사정없이 쨍쨍 내리쬐었지만 삼촌은 더운지도 모르고 일에 열중했어요.

"자, 이제 다 됐다."

삼촌은 그제야 손으로 이마의 땀을 닦아 냈어요.

"여러분 호세네 집에 무슨 일이 일어났는지 보세요!"

삼촌이 호세네 집 앞에 모인 사람들에게 큰 소리로 말했어요. 궁금해진 한별이도 얼른 사다리를 타고 지붕에서 내려왔어요.

호세네 집 안에 무슨 일이 일어났을지 한별이는 정말로 궁금했어요. 한 청년이 문을 열자 아이들이 우르르 호세네 집으로 들어갔어요. 집 안은 아까와 마찬가지로 어두컴컴했어요.

"도대체 무슨 일이 일어났는데? 똑같은데?"

한별이가 고개를 갸웃거리며 호세에게 물었어요. 한 청년이 그 소리를 듣자 천장에 대고 있던 통을 아래로 치웠어요. 봉사단원인 한 청년이 천장에 뚫어 놓은 구멍을 통으로 막고 있었던 거예요.

그 순간 어두웠던 집안이 환해졌어요. 페트병으로 만든 전구 때문이었어요. 그 전구를 가리고 있던 청년이 환하게 웃고 서 있는 모습이 보였어요. 몸이 아파 집 안에서 꼼짝도 하지 못하던 호세의 할머니가 빛을 바라보며 눈물을 훔치고 있는 모습도 보였어요.

봉사단원들은 할머니가 다리를 다친 호세네 집에 제일 먼저 페트병 전구를 설치해 주었던 거예요.

"우아!"

모여 있던 아이들과 동네 사람들은 입을 다물지 못했어요.

"도대체 어떻게 된 거예요? 이 페트병 안에 무엇이 들어 있는 거예

요? 마법의 물인가요?"

호세가 쉴 새 없이 삼촌에게 물었어요. 한별이도 호세처럼 궁금하기 짝이 없었어요.

삼촌은 호기심 어린 눈으로 바라보는 사람들에게 웃으며 말하기 시작합니다.

"마법의 물? 맞다. 그렇지만 누구나 만들 수 있어요. 페트병에 물을 채우고 표백제를 두세 숟가락 정도 넣어 주면 우리가 할 수 있는 일은 끝나는 거예요. 그때부터는 햇빛이 마법을 부리기 시작합니다. 하하하."

삼촌이 마술사처럼 손을 벌려 멋을 부리며 인사를 했어요.

 "저 페트병 안에 사랑이 들어 있다고 아이들에게 말했지요. 쓸모없는 페트병 안에 누군가 여러분을 위한 배려와 사랑의 마음을 담아 주었기에 이런 기적이 일어난 거예요."
 삼촌도 그 누구에게 감사한 듯 두 손을 모아 마음을 표시했어요.
 어둠이 얼마나 불편한지 겪어 보았던 한별이도 그 누군가가 무척 고마웠어요.
 삼촌은 자원 봉사 청년들과 쉴 틈 없이 집집마다 페트병 전구를 달아 주었어요. 한별이도 호세와 함께 삼촌 뒤를 열심히 따라다니며 도왔어요.
 갑자기 한별이 눈앞이 환해졌어요.

꿈속에서 깨어난 듯 한별이가 눈을 크게 떴어요.

"와, 불이 들어왔다."

어두웠던 한별이네 방이 대낮처럼 환해졌어요.

동영상도 끝났는지 어느새 멈춰 있었어요.

"아, 호세도 이런 기분이었겠네. 삼촌."

한별이가 삼촌을 보고 웃었어요.

"그랬을 거야."

삼촌이 한별이 등을 툭 치며 말했어요.

"삼촌, 쉽고 값싸게 누구라도 만들 수 있는 보물을 생각해 낸 사람이 누구였을까요? 가난한 사람들이 쉽고 편리하게 지붕 위에 달 수 있게 해 준 사람은 누구였을까요? 그 사람들이 호세네 동네에 사랑을 전해 준 거 맞지요?"

삼촌이 한별이를 기특한 듯 바라보았어요.

"그래, 맞아. 이 페트병 전구는 가난해서 전기를 켤 수 없거나 전기료를 낼 수 없는 사람들을 위해 바다 건너 청년들이 생각해 낸 착한 발명품이야. 그 원리를 이용해 가난한 마을에 살던 한 기술자가 페트병 전구를 만들어 냈지. 그 뒤 페트병 전구를 필리핀의 봉사 단체에서 가난한 사람들에게 설치해 주기 시작한 거야. 모두들 착한 기술을 착하게 쓴 멋진 사람들이지?"

"네, 정말 멋진 사람들이에요. 그 기술자들 덕분에 낮에도 어두워 밖에서만 지낼 수밖에 없는 가난한 집 어린이들이 집 안에서 공부하고 형제들과 놀 수도 있게 되었네요."

한별이가 감동한 듯 삼촌에게 말했어요.

"한별아, 삼촌하고 이제 저녁 먹자."

삼촌과 이야기하는 동안 어느새 엄마가 저녁 준비를 하고 있었어요.

"삼촌, 배고픈 줄도 몰랐네요. 얼른 저녁 먹으러 나가요."

"그래."

삼촌 먼저 방을 나갔어요.

환한 방에 혼자 남은 한별이가 형광등을 바라보았어요.

"낮이고 밤이고 내 맘대로 켤 수 있는 이 불빛이 이제껏 고마운지도 몰랐네."

한별이가 호세의 웃는 얼굴을 다시 떠올렸어요.

"한별이 빨리 와라!"

엄마가 방문 앞까지 와서 한별이를 불렀어요.

"네, 지금 나가요."

한별이가 불을 끄고 방을 나섰어요.

"어머, 웬일이니? 불을 끄고 나오는 걸 보니 우리 한별이가 철이 들었네."

엄마가 한별이를 보고 웃었어요.

"히히, 철은 아까부터 들었는걸요. 필리핀에 다녀온 뒤로요. 헤헤."

한별이가 머리를 긁적이며 말했어요.

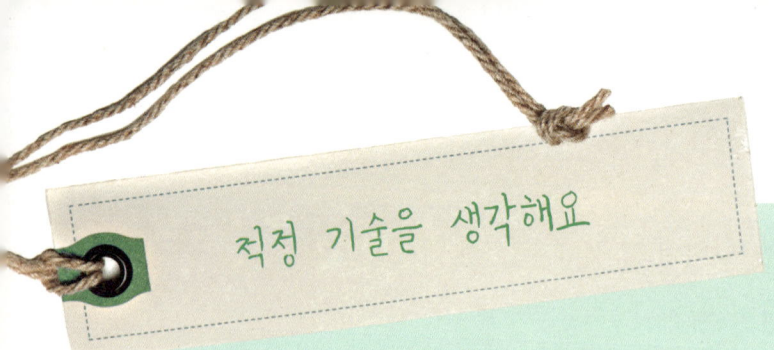

적정 기술을 생각해요

루민 AID, 소켓볼

필리핀에 널리 보급되고 있는 페트병 전구는 페트병에 물과 세제를 넣어 만든 거예요. 물을 넣은 페트병에 햇빛이 내리쬐면 빛이 퍼지는데, 여기에 세제를 넣어 이 작용이 활발히 일어나게 했지요. 날씨가 좋은 날에만 쓸 수 있긴 하지만, 전기를 끌어 쓰기 힘든 지역에서는 이 페트병 전구가 큰 편리를 주지요.

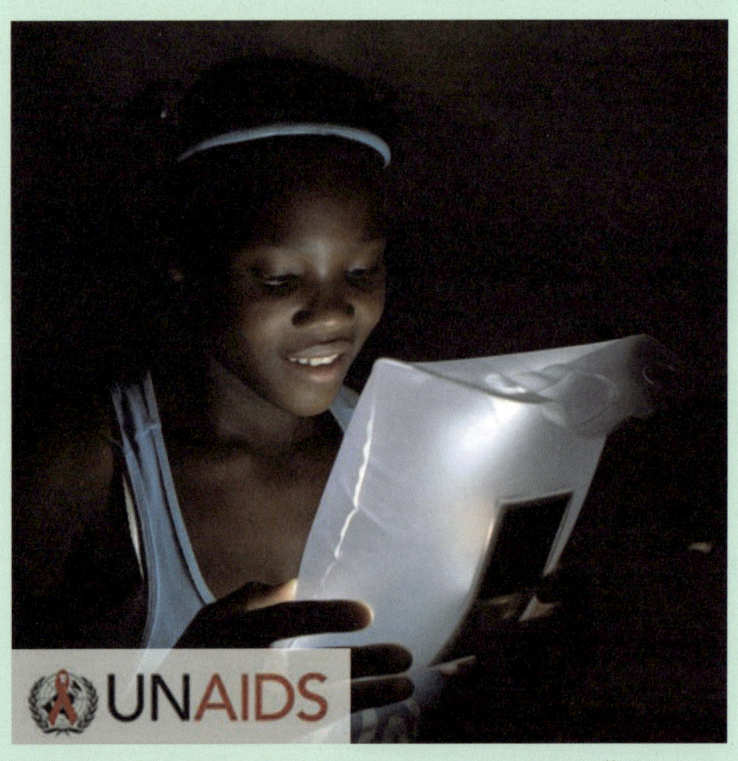

Designer Anna Stork, Andrea Sreshta • **Photo from** http://luminaid.com

더 읽어 봐요

　많은 학자들은 석유 종말 시대를 경고하고 있어요. 지하자원을 무분별하게 쓴 결과가 닥쳐오고 있지요. 특히 제3세계 저개발 국가들의 고통은 더욱 심화되고 있어요. 취약한 기반 시설은 물론 충분한 에너지를 공급받지 못하기 때문이에요. 에너지 사용량은 부와도 비례해요. 아직도 많은 저개발 국가들은 전력이 모자라 불편을 겪고 있지요. 적정 기술을 활용한 사회적 기업들의 창의적인 실험이 그 대안이 되고 있어요.

　심각한 기후 변화로 인해 전 세계는 지금 몸살을 앓고 있어요. 지진과 해일, 폭설, 사막화 등 환경 재앙이 세계 곳곳에서 일어나고 있지요. 선진국의 경우 위기 대응 시스템이 비교적 잘 갖춰져 있어 빠른 복구가 가능하지만 저개발 국가 국민들은 오랫동안 복구되지 않는 시설들로 고통받아요. 특히 전기의 경우는 복구가 느린 데다 암흑의 고통까지 가져오지요.

　국제 개발 기구인 NGO 루민 AID에서는 재해 지역에 조금 더 효율적으로 빛을 공급하기 위해 새로운 방식을 고안했어요. 태양광과 비닐 풍선을 활용

Designer Anna Stork, Andrea Sreshta • Photo from http://luminaid.com

한 램프를 디자인한 것이에요. 비닐에는 태양광 패널이 들어 있어 낮에 햇빛이 비추는 공간에 두면 저절로 충전이 돼요. 이렇게 모인 태양광은 저녁이 되면 전기 에너지가 되어 안쪽에 설치된 LED 조명을 밝히지요. 더욱 재미있는 것은 태양광 패널과 LED 조명을 감싸고 있는 비닐인데 이 비닐에 바람을 불어 넣으면 풍선 모양으로 부풀어 올라 빛이 보다 넓게 퍼져요. 이 태양광 비닐 풍선은 약 5시간 충전해 두면 8~10시간 동안 빛을 낸다고 해요.

Designer Jessica O. Mathews, Julia Silverman

또, 미국의 사회적 기업인 언차티드플레이에서 개발한 전기 생산 축구공 소켓 볼도 눈길을 끌어요. 소켓 볼을 제작한 이는 제시카 매튜와 줄리아 실버맨인데 이들은 하버드 대학 재학 중이던 지난 2009년 사회적 기업을 연구하는 과제를 통해 이와 같은 아이디어를 고안했어요. 전기가 모자란 저개발 국가의 사람들이 손쉽게 전기를 생산할 수 있는 방식을 찾던 이들은 저개발 국가의 아이들이 가장 즐겨 하는 놀이가 바로 축구임을 떠올리고 축구 놀이의 운동 에너지를 전기 에너지로 바꿀 수 있다면 자연스럽게 전력을 충전할 수 있다는 생각을 했어요.

소켓 볼 내부에는 진동을 감지하는 센서와 하이브리드형 발전 디바이스가 내장되어 있어 충격 동력을 흡수해 전기 에너지를 생산할 수 있게 되어 있어요. 한쪽 면에는 뚜껑이 있는데 전기 콘센트가 있어 전선 플러그를 꽂아 다양한 전자 제품을 사용할 수 있어요. 15분간 축구를 하면 약 3시간 동안 사용 가능한 전기가 생산되지요. 소켓 볼은 재미, 친환경, 디자인, 기술, 사회적 가치 등 융합적인 사고방식으로 탄생한 결과물이에요. 사람의 놀이를 전기로 바꾼 것이지요.

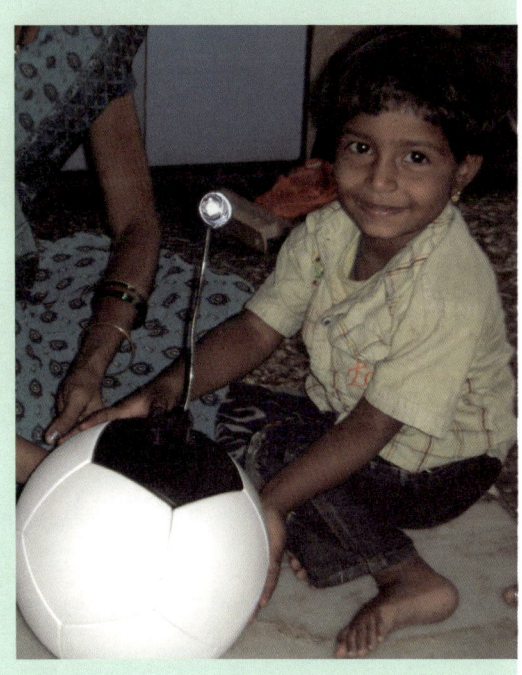

이 모든 것들은 적정 기술을 융합한 그린 에너지 디자인이에요. 석유를 비롯한 지하자원은 충분치 않아요. 원자력 발전소나 화력 발전소 같은 대규모 시설도 위험하고 비싸지요. 하지만 그린 에너지는 무한하고 누구에게나 공평한 혜택을 주지요.

작지만 실용적인 아이디어로 그린 에너지를 활용한 기술들이 연구되고 있답니다.

Photo from http://www.u-pwr.co

6

지구를 담은 정수기 물통

Photo from WWF

넛지 디자인

팔꿈치로 슬쩍 찌른다는 뜻의 '넛지'. 부드럽게 사람의 생각을 바꾸어 주는 디자인을 넛지 디자인이라고 불러요. 일상에서 쓰는 물건들에 사람들의 생각을 바꾸어 줄 요소를 담은 거예요.

지구를 담은 정수기 물통

"엄마랑 아빠가 아무리 바빠도 그렇지!"

성우가 달력을 보며 입을 삐죽 내밀었어요.

아무리 생각해도 아들 생일이 코앞인데 엄마 아빠가 아무 말도 없다니 섭섭하기 짝이 없었지요. 성우는 엄마 아빠 방에 있는 달력과 거실에 있는 달력이란 달력에 모두 동그라미를 해 놓았어요.

달력에 해 놓은 표시를 가만히 보고 있자니 엄마 아빠가 도무지 눈여겨볼 것 같지 않았어요. 이리저리 궁리를 하던 성우가 벌떡 일어나 서랍에서 무언가 들고 나왔어요.

"히히, 내가 스티커 사진을 이용할 줄 아무도 몰랐을 거야."

성우는 친구들과 포토박스에 가서 찍었던 스티커 사진을 한 장 한 장 떼어 달력마다 제 생일 날짜 위에 붙였어요. 붉은 가발을 쓴 채 장난스런 표정을 짓고 찍은 성우 사진이 알록달록 예뻐서 눈에 확 띄었어요.

저녁에 달력 옆을 지나던 엄마가 고개를 돌려 달력을 자세히 보았어요.

"어머, 곧 성우 생일이 다가오는 것도 몰랐네. 이거 성우 네가 붙였니?"

성우가 고개를 끄덕이자 아빠가 무슨 일인지 궁금해서 달력 앞으로 왔어요.

"하하, 성우가 스티커 한 장으로 넛지 효과를 단단히 보고 있네. 이게 바로 우리 회사에서 연구하고 있는 넛지 디자인이거든."

"넛지가 뭔데요, 아빠?"

"옆구리 쿡 찔러 말없이 깨닫게 해 주는 거. 허허."

아빠의 대답에 엄마도 옆에서 거들었어요.

"엎드려 절 받는다는 뜻인가요? 호호, 나도 성우처럼 여기에 붙일 스티커 사진 좀 찍어야지."

엄마가 오히려 아이처럼 신이 나서 콧노래까지 불렀어요.
"성우야, 우리 집 달력에 '오늘이 내 생일이오.' 하고 선물을 기대하는 얼굴이 또 나타날 테니 너도 용돈 좀 모아 놔야겠다."
아빠가 엄마를 보고 성우를 향해 눈을 찡긋하며 말했어요.

다음 날 아침, 늦잠을 자고 일어난 성우가 준비물을 챙기러 이리저리 부산하게 다녔어요.
"성우야, 너 또 수돗물 틀어 놓았지?"
수돗물 소리를 들은 엄마가 성우에게 한 소리 하며 화장실로 종종 달려갔어요.
"요즘 봄 가뭄이라 시골에서는 모내기도 못하고 있는 거 몰라? 할머니네 우물도 거의 다 말랐다고 하는 말 들었지? 아프리카에서는 먹을 물이 없어 멀리서 물을 길어 오는데 이렇게 생각 없이 물을 틀어 놓으면 그 사람들한테 미안하지도 않아?"
엄마의 잔소리가 끝이 없을 것 같았지만 성우는 아무 말도 못했어요.
며칠 전에 식구들과 함께 아프리카에 사는 어린이 이야기를 텔레비전 방송으로 보았기 때문이에요. 더군다나 요즘 봄 가뭄으로 시골에서 모내기도 못한다는 뉴스도 계속 듣고 있었고요.
"안 그러면 되지 뭐. 나만 그러나? 학교에서도 어떤 애들은 수돗물 틀어 놓고 잠그지도 않는데."
성우는 미안한 마음이 들긴 했지만 엄마에게 꾸지람을 들은 게 섭섭해 부루퉁한 얼굴로 투덜댔어요.

그날 오후 시골에서 할머니가 올라오셨어요. 서울에 사는 친척의 결혼식에 가시는 참이래요. 할머니는 성우네 집에 며칠 묵어가실 계획이라고 하셨어요.

"날이 이렇게 가물고 더운데 비라도 좀 뿌리면 얼마나 고마울까. 성우야, 할미 물 한 그릇 떠 다오."

성우가 얼른 일어나 정수기 물을 받았어요.

"에쿠!"

컵에 물이 넘치자 성우는 컵에 있는 물을 얼른 따라 내 버렸어요.

"에구, 아까워라. 요즘 우리 시골에선 물 한 방울이 눈물 한 방울이다. 물이 말라 버려 농사는커녕 먹을 물도 아낄 판인데. 쯧쯧."

할머니가 몹시 안타까운 얼굴을 했어요.

"할머니, 우물물이 말랐으면 이런 정수기를 쓰면 되잖아요."

"갈수록 태산이로구나. 쌀이 부족하다고 하니 라면이나 빵을 사 먹으면 되지 않느냐고 묻는 아이가 있다더니 우리 손자도 그 짝이로구나. 물이 없는데 정수기 물은 어디서 얻겠니? 도시에서만 살아 물이 부족한 것을 보지 못했으니 물이 어디서든 마구 나오는 줄 알고 있는 게 당연한 지도 모르지."

할머니가 힘없이 한숨을 쉬었어요. 성우는 할머니 옆에서 머리만 긁적였지요.

저녁 뉴스 시간에 내일 밤부터 전국에 비가 내릴 거라고 예보가 있었어요. 비 소식을 들은 할머니 얼굴이 갑자기 환해졌어요.

"아이구나, 비가 오신다니 고마워라. 나 내일 아침 집에 내려가야겠다."

비가 온다니 할머니는 물 때문에 미루어 놓은 일들이 먼저 생각나셨나 봐요.

"어머니, 저희도 이번 토요일에 내려가서 밭일을 거들게요."

아빠의 말에 할머니는 고맙다는 듯 고개를 끄덕였어요. 비가 오면 얼마나 할 일이 많아지는지 아빠도 알고 있기에 다음 날 아침 서둘러 할머니를 기차역까지 모셔다 드렸어요.

토요일 새벽, 성우네 가족은 할머니 댁으로 향했어요. 고속 도로로 접어들자 성우가 투정을 부리기 시작했어요.

"아, 목말라요. 물 먹고 싶어."

"여긴 고속 도로라 물 사려면 다음 휴게소까지 가야 해. 좀 참아."

엄마가 말했지만 성우는 차 뒷 좌석에서 목이 타서 죽겠다며 법석을 떨었어요. 휴게실에 도착하자 성우는 생수 통이 있는 곳으로 먼저 달려갔어요. 성우가 물을 받으려는데 사람들이 컵에 넘치게 물을 따라 바닥이 물로 흥건했어요.

"목마른 아프리카 사람들을 생각하며 좀 아껴야지. 저 생수 통 앞에 '물을 버리면 벌금 만 원'이라고 써 놓으면 사람들이 물을 조심해서 먹을 텐데."

물을 두 컵이나 연거푸 받아 마신 뒤 성우는 더러워진 바닥을 보며 투덜댔어요.

"그렇게 무안을 주고 혼내면 너라도 말을 안 들을걸. 사람들이 잘못

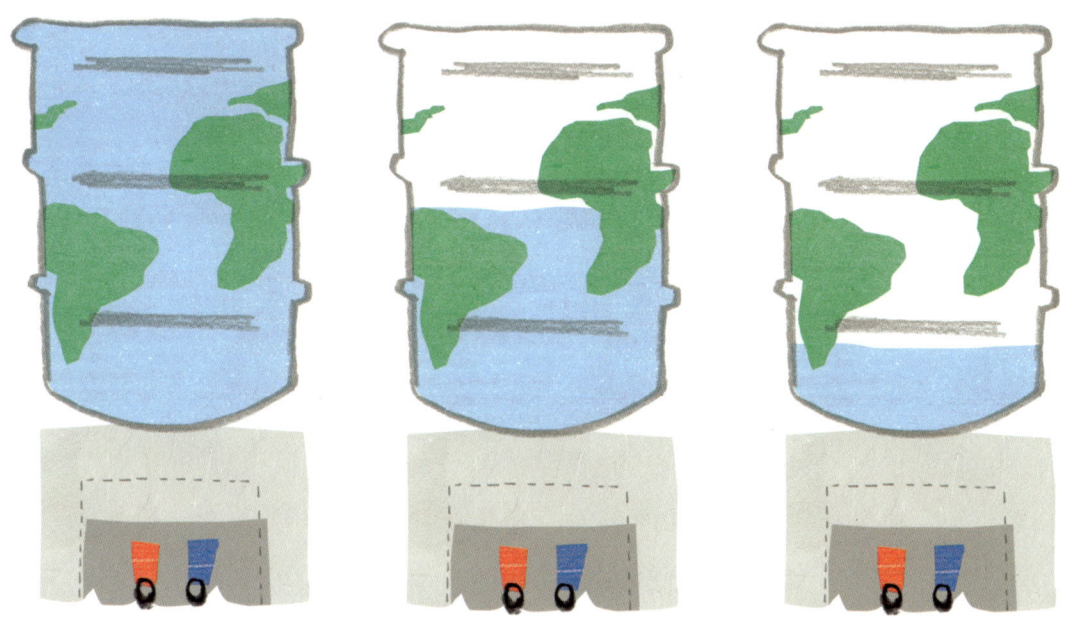

을 깨닫거나 스스로 알아서 조심하게 할 방법 없을까? 옆구리 찌르는 넛지 효과를 이용해 봐. 네 특기잖아. 하하"

아빠가 지난번 생일 스티커 사건을 떠올리며 말했어요.

"아, 그런 거라면 자신 있어요. 혼내지 않고 조심하게 하는 법이라……."

생각을 하려 애쓰던 성우가 갑자기 쿡 웃었어요. 바로 며칠 전 성우가 수돗물을 마구 틀어 놓았을 때였지요. 성우는 잘못한 것을 알면서도 엄마가 화를 내자 오히려 심술을 부렸거든요.

"자, 가면서 생각하자."

아빠의 말에 식구들이 다시 차에 올랐어요.

"사실 아빠도 너처럼 어렸을 땐 밥을 많이 남기고 아낄 줄 몰랐거든.

그래서 할머니가 옛날이야기를 지어서 해 주신 생각이 난다."

"어떤 얘긴데요?"

성우가 궁금해하자 아빠가 할머니 흉내를 내며 이야기를 했어요.

"옛날에 욕심 많은 부자가, 잔뜩 쌓아 둔 곡식 창고만 믿고 흥청망청 썼단다. 그러다 몇 년 동안 가뭄이 들었는데도 부자는 아직 창고에 곡식이 많으니 정신을 못 차렸대. 곡식 창고의 곡식을 반쯤 먹었는데 어느 날 보니 창고에 쌓아 둔 곡식이 모두 없어진 거야. 창고 뒤로 구멍이 뻥 뚫려 있었고. 그 구멍으로 곡식을 다 도둑맞은 거지. 그때부터 부자는 먹을 것이 없어 배를 곯으며 후회했대.

'진작 창고도 고치고 곡식도 나눠 먹을걸.'

다행히 다음 해에 농사가 잘되었어. 부자는 창고 안에 곡식을 그득 쌓아 두고 대문과 창고 문에 그림을 붙여 놓고 오고 가며 절을 했대. 쌀 한 톨이 그려진 그림이었어. 배가 고파 보니 쌀 한 톨이 얼마나 귀한지도 알고 배고픈 사람의 심정도 알게 되었던 거야. 그 뒤 부자는 풍년이 들어도 흥청망청 쓰지 않고 창고의 곡식을 가난한 사람들이 굶지 않게 고루 나누어 주었대."

"와, 그 쌀 그림 그려 붙인 것도 넛지 디자인이다. 아빠, 생각났어요. 생수통에 아프리카 지도 스티커를 붙이는 거예요. 아프리카의 고통을 아는 사람은 조심할 것이고, 그것도 모르는 사람을 위해서는 글로 써 두는 거예요."

성우 말을 듣고 아빠는 입이 찢어져라 좋아했어요.

"내가 널 꼭 스카우트 할 거야. 그래서 아빠를 도와줘야겠어."

아빠는 신이 났어요.

"미국 천연 자원 협회에서 너랑 비슷한 생각을 하고 세계 지도를 그린 정수기 통을 만들어 냈어. 그리고 그 밑에 뭐라고 썼는지 알아?

'먹을 물이 자꾸 말라 갑니다. 지구 온난화를 막아 주세요!'

이렇게 말이야. 물을 따를 때마다 세계 지도를 덮었던 물이 조금씩 내려가니 그 뜻을 사람들이 알아채라는 뜻이겠지? 물도 아끼고 지구 온난화에 대한 생각도 하게 하고. 일석이조지. 옛날이야기를 듣고 그런 생각을 해 내다니 참 대견하다."

"그 정도야 조금만 깊이 생각하면 되는데요. 뭐."

성우가 거드름을 피우며 말했어요.

"도대체 세계 지도가 그려진 정수기통이 어떤 건지 궁금하네. 한번 찾아보자."

옆에서 듣고 있던 엄마가 스마트폰을 내밀자 성우도 신이 나서 검색을 시작했어요.

"멋지다! 정수기 물통이 지구를 닮았어."

성우가 정수기 물통에 그려진 초록빛 세계 지도를 보고 감탄하자 아빠가 말했어요.

"그게 멋지게 보이라고 한 것만은 아니지. 보고 느끼고 어떻게 하면 좋을까 생각하라는 거지."

성우가 고개를 끄덕였어요.

"나도 집에 가면 화장실과 정수기에 아프리카 지도를 만들어 붙일 거예요. 그래야 물을 따를 때마다 학교도 못 가고 몇 시간씩 걸어 물을 길어 오는 아프리카 아이들을 잊지 않을 테니까요."

성우는 자신과 한 약속을 반드시 지키겠다는 듯 힘주어 말했어요.

"그래, 물이 있을 때 아껴 쓸 생각을 해야지. 우리나라도 비가 오지 않아 논바닥이 다 갈라질 때가 많지 않니? 우리나라도 물 부족 국가라고 한단다. 앞으로는 기상 이변으로 비가 오지 않을 때가 많아질 거야. 너는 잠시만 물을 먹지 못해도 이렇게 난리인데 1년 내내 물이 부족하다고 생각해 보면 우리 후손들이 걱정이 되지. 지금부터라도 물 관리를 잘해야 해."

아빠 말에 성우와 엄마도 고개를 끄덕였어요.

"할머니!"

성우가 할머니를 부르며 대문을 열었어요.

할머니는 먼 길을 왔다며 주전자에서 물을 한 컵 따르기 시작했어요.

"할머니 제가 할게요. 안 흐르게 조심."

성우가 진지한 얼굴로 말하며 컵을 주전자 주둥이에 바싹 댔어요.

"며칠 사이에 우리 성우가 많이 달라졌네."

할머니가 성우를 보고 웃었어요.

"할머니한테 배웠지요."

"그래? 난 우리 어머니 아버지를 보고 배웠단다. 옛날 할머니 할아버지들은 한 바가지의 물도 알뜰하게 썼지."

할머니는 부모님 생각이 나는지 먼 하늘을 한 번 바라보았어요.

"항아리에 받아 둔 빗물을 한 바가지 퍼서 세수를 하고 그 물로 발도 닦고 걸레를 빤 다음 꽃밭에 주었지. 지금보다 강이고 시내도 더 깨끗하고 좋았지만 그런 시절에도 사람들은 물을 정말 아꼈어."

"빗물까지 항아리에 받아 놓고 썼다고요?"

"물은 모든 걸 살리는 힘이라고 생각했으니 당연하지. 물이 부족한 섬에서는 그 빗물을 받아 놓고 먹기도 했는데."

성우는 놀랍다는 듯 눈을 동그랗게 뜨고 할머니를 바라보았어요.

"할머니처럼 물을 아낀다면 물 걱정이 없을 거예요. 저도 집에 가면 아프리카 지도를 화장실 거울에 붙여 놓을 거예요. 정수기에는 지도 대신 할머니 사진을 스티커로 만들어 붙여 놓아야겠네요."

"에구, 늙은이 사진을 그런 데다 붙여 놓다니 아서라. 나한테도 아프리카 지도나 한 장 그려 주고 가거라."

"할머니 집엔 그런 스티커가 필요 없는걸요. 누구든 할머니를 보면 물을 저절로 아낄 수밖에 없으니까요. 히히."

성우 말에 모두들 웃음을 터뜨렸어요.

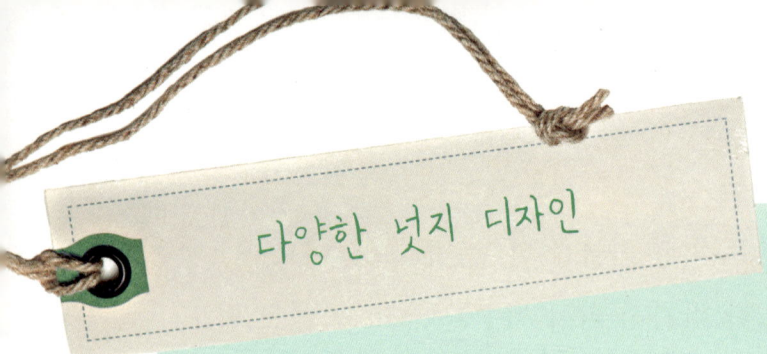

넛지 효과

 팔꿈치로 슬쩍 찌른다는 뜻의 '넛지'. 부드럽게 사람의 생각을 바꾸어 주는 디자인을 넛지 디자인이라고 불러요. 일상에서 쓰는 물건들에 사람들의 생각을 바꾸어 줄 요소를 담은 거예요.
 몇해 전 한 방송 프로그램에서 재미난 실험을 했어요. 서울의 어느 한 동네, 이곳에는 늘 쓰레기가 쌓이는 담벼락이 있었어요. 매일같이 청소부들이 쓰레기를 가져가도 하룻밤만 지나면 다시 많은 양의 쓰레기가 쌓였지요. CCTV를 설치하고 경고문을 남겨 보기도 했지만 이 또한 효과가 오래가지 못했어요. 그러나 작은 아이디어 하나가 놀라운 힘을 발휘하게 돼요. 바로

Photo from WWF

6. 넛지 디자인　　114

더 읽어 봐요

담벼락에 화단을 만들어 꽃을 심어 놓은 것이지요. 이를 본 사람들은 쓰레기를 몰래 버리러 왔다가도 슬그머니 다시 가지고 들어가요. 대체 무엇이 사람들의 행동을 변하게 한 것일까요? 우리는 이것을 넛지 효과(nudge effect)라 불러요. 부드러운 개입을 통해 타인의 선택을 유도한다는 의미로, 미국의 행동 경제 학자인 리처드 탈러와 캐스 선스타인이 자신들의 저서 〈넛지〉에서 처음으로 소개해 알려진 말이에요. 즉 강제적인 규제나 감시 대신 자연스러운 참여를 유도해 긍정적인 변화를 가져오는 것을 말해요. 이러한 넛지 효과의 힘을 디자인에도 접목할 수 있어요. 디자인이 가지고 있는 시각적 힘을 최대한 활용하는 방식으로 말이지요.

특히 넛지 디자인을 공익 캠페인에 접목하면 그 효과는 더욱 커질 수 있답니다. 세계적인 환경 보호 단체인 WWF(국제 야생 동물 기금)는 줄어드는 숲을 지키기 위해 낭비되는 화장지를 절약할 참신한 화장지 케이스 디자인을 선보였어요. 이 화장지 케이스는 화장지를 뽑을 때마다 숲이 사라진다는 경각심을 시각적으로 전달해 줘요. 자연스럽게 화장지를 절약하게끔 하지요. 사실 우리는 너무나 많은 종이를 쉽게 쓰고 버리면서 이것이 모두 지구 자원이라는 것을 자주 잊지요. WWF의 아이디어가 더욱 돋보이는 이유예요. 또 NRDC(미국 천연자원 협회)에서 제작한 일회용 커피 컵에는 숲의 모습

Photo from NRDC

을 담아 재활용의 메시지를 전달하고 있어요.

넛지 디자인은 단지 공익 캠페인에서만 유효한 것은 아니에요. 우리 실생활 속에서도 충분히 활용이 가능하지요. 특히 생활 속 자원을 아끼기 위한 방법으로 더욱 좋아요. 산업 디자이너 변은지 씨가 제작한 수도꼭지 턴(Turn)은 아직은 상용화되지 않았지만 참신한 넛지 디자인이에요. 전화기의 다이얼을 수도꼭지에 달아 물 사용량을 조절해서 쓸 수 있어요. 무심코 낭비되는 물을 아끼기 위한 아이디어지요.

무분별하게 켜 두는 전등도 마찬가지예요. 필요하지 않을 때 전등을 꺼 두기만 해도 전기는 많이 절약될 수 있지요. 미국의 에코 디자인 그룹 리안

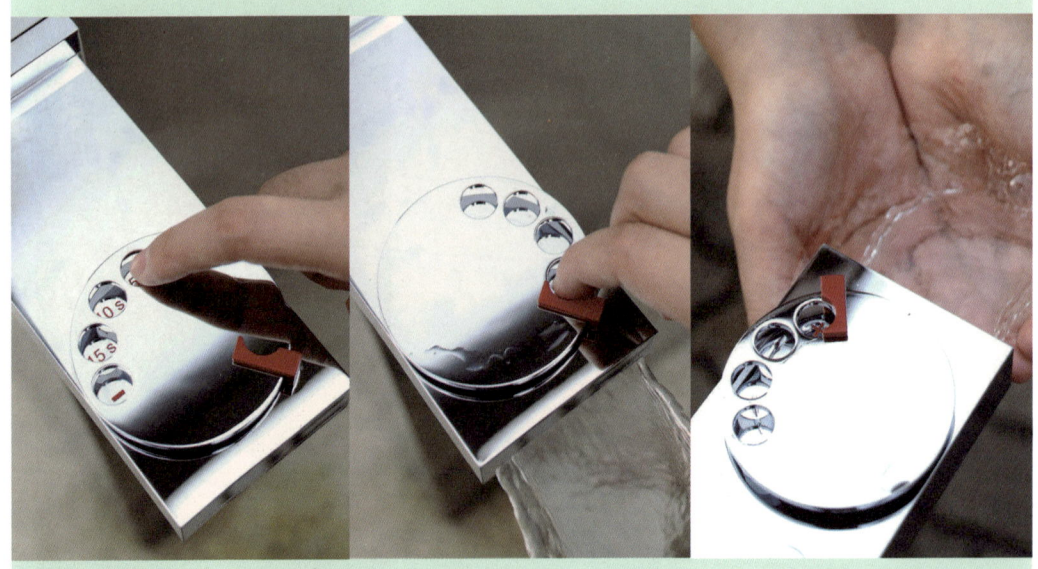

Designer Eun ji Byeon

하크가 제안한 전기 사용 시간을 알려 주는 타임 스위치를 볼까요? 스위치를 켜 둔 시간을 확인할 수 있게끔 디자인했어요. 무심코 전원을 켜 두었다가 우연히 보게 되면 깜짝 놀라 전기 스위치를 끌 수 있게 했지요.

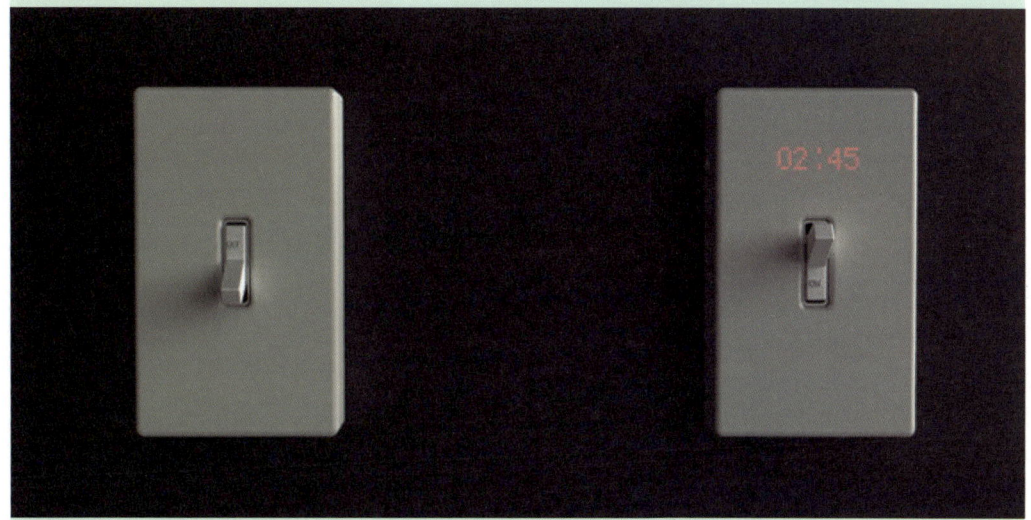

Photo from www.7760.org

이렇듯 넛지 디자인을 활용하면 자발적 참여를 더욱 극대화할 수 있어요. 몇 마디 문구로는 사람들의 마음을 움직이기 어렵지만 시각적으로 전달되는 메시지는 아름다움을 훼손하고 싶지 않은 사람들의 마음을 건드리지요. 또한 재미있는 디자인은 사람들의 호기심을 자극해 변화하게 도와준답니다.

7

바람을 부르는 문

Photo from 연합뉴스

한옥의 들어열개 문

한옥은 자연을 그대로 담아 지어요. 특히 여름에 에어컨 없이도 보낼 수 있는 비결은 공기의 순환을 이용했기 때문이지요. 마당을 비우고 바람이 지나가도록 문을 위로 올려 바람길을 낸 거예요.

바람을 부르는 문

여름 방학이 되었는데도 시원이는 갈 곳이 마땅치 않았어요.
친구들은 시골의 할머니 댁에도 가고 친척 집에도 놀러 간다고 했지만 아빠와 엄마는 서울이 고향이라 갈 만한 시골 친척 집이 없었지요.
"이런 날은 시골 바람을 좀 쐬어야 하는데."
시원이는 꼭 닫힌 창문을 활짝 열었어요.
"에어컨 틀어 놓았잖니. 얼른 문 닫아!"
시원이가 창밖으로 고개를 내밀고 있는 걸 보자 엄마가 냅다 소리를 쳤어요.
"한여름인데 꼭꼭 문을 닫고 있으니 답답해서 그래요."
시원이는 투덜거리며 문 닫을 생각을 하지 않았어요.
"네 이름이 시원이니 오죽 답답하겠니? 이번 토요일에 이모가 집들이한다고 했으니 그곳 강바람이라도 쐬자."

"와, 이모네 집 벌써 다 지었대요? 어서 가고 싶다."

시원이는 새로 지은 집이 궁금해 좀이 쑤셨어요. 건축 디자이너인 이모부가 친척들을 만날 때마다 곧 특별한 집이 완성될 거라고 했기 때문이에요. 시원이는 영화에 나오는 멋진 집을 상상하며 이모네 갈 날만을 손꼽아 기다렸어요.

드디어 이모네 집들이 날이에요. 외삼촌 가족들과 점심시간에 맞춰 이모네 집에 도착하기로 약속이 되어 있었어요.

이모네 집으로 가는 길 왼쪽으로 강이 계속 따라 붙었어요. 창문을 열자 바람이 와락 들어왔어요. 머리가 휙휙 날리자 시원이는 기분이 좋아 야호, 소리까지 질렀지요.

"시원이 오빠, 정말 시원하지?"

"응, 시원하다."

동생 해원이의 장난스런 말에 시원이도 이름처럼 시원하게 대답을 했어요.

드문드문 새로 지은 멋진 집들이 보이기 시작했어요. 엄마는 부러운 눈으로 창밖을 내다보았어요.

"이모네도 저렇게 멋진 집이겠지?"

엄마는 무척 기대에 찬 목소리로 말했어요.

"나 이제 방학 때마다 이모네 올 거야. 나도 시골 생겼어."

시원이는 잔뜩 마음이 부풀었지요.

여름 방학 동안 캠프를 다녀오고 나면 학원과 집만을 오가야 했는데 이제 이모네 집에서 놀다 올 생각을 하니 웃음이 절로 났어요.

골목으로 들어서는데 삼촌네 차도 뒤따라오고 있었어요. 길가에서 식구들을 기다리고 있는 이모가 보였어요.

"어서들 오세요. 여기가 우리 집이에요."

이모는 아이처럼 활짝 웃으며 식구들을 맞이했어요.

시원이는 이모가 잘못 말한 게 아닌가 하고 이모를 바라보았어요. 이모네집 마당은 올라오면서 보았던 예쁜 주택처럼 잔디가 깔려 있지 않았어요. 어쩐지 썰렁한 느낌도 들었어요.

"에구, 아직 잔디도 못 깐 거 보니 바빴던 게로구나."

할머니도 그런 생각이 들었는지 이모를 안쓰럽게 바라보았어요.

"호호, 모두 그렇게 생각할 줄 알았어."

이모가 깔깔댔어요.

"엄마, 옛날 우리 집처럼 잔디밭 대신 정겨운 흙 마당을 그대로 쓸 생각이에요. 비 오면 질퍽이고 눈 오면 눈밭으로 사는 것도 좋을 것 같아서요. 그래도 이렇게 집으로 들어가는 길은 넓적한 돌을 징검다리로 깔아 놓았으니 비가 와도 신발을 더럽힐 걱정은 없어요."

이모는 마당을 두루 돌아보며 말했어요.

7. 한옥의 들어열개 문

"그래, 아파트에서 살다 보니 맨땅을 밟아 보는 것도 오랜만이네!"

할머니는 그제야 함빡 웃었어요.

현관으로 올라가기 위해 계단을 몇 개 올라갔어요. 신을 벗고 올라가자 할머니가 집 안을 둘러보며 말했어요.

"거실 쪽 베란다 문이 없으니 마당과 집이 하나처럼 보이는구나. 널찍한 정자에라도 올라온 것 같이 가슴이 확 열리는구나."

할머니는 아주 만족한 웃음을 지었어요. 할머니 말씀대로 이모네 집 1층 거실은 앞 베란다와 하나로 이어져 있었어요. 올라오면서 있던 예쁜 집들처럼 유리로 된 거실창도 보이지 않았지요.

"이러면 현관 말고 거실로 바로 올라와도 되겠네."

시원이가 마당으로 내려서려는 듯 베란다 끝에서 두 팔을 활짝 펴며 말했어요.

"와, 꼭 액자 같다!"

해원이가 소리쳤어요. 거실 뒤쪽에 있는 문틀은 마치 커다란 액자처럼 뒷산의 모습을 담고 있었어요.

"해원이 눈썰미가 좋구나. 뒷산을 거실에 그림처럼 옮겨 놓은 것 같지?"

이모는 자랑스럽게 말했어요.

"이곳은 앞뒤 자연이 하나가 되는 공간이라 에어컨 없이도 충분히 살 수 있어요."

이모부가 덧붙이자 할머니가 오히려 걱정스럽게 물었어요.

"요즘에 그런 걸 안 쓰고 여름을 어떻게 견디려고?"

그러자 이모가 기다렸다는 듯 대답했어요.

"2층의 침실 등 개인적인 공간은 어쩔 수 없이 에어컨을 쓰지만 1층만은 자연에 맞춰 살 수 있어요."

"여름은 그야말로 사방이 다 내 세상이다 싶어 좋겠다만 겨울엔 좀 썰렁하겠네. 앞 강바람과 뒷산의 바람은 어떻게 막으려고."

할머니는 여러 가지 걱정이 많아 보였어요.

"여름에만 이렇게 살아요. 겨울엔 또 다른 모습이 되죠."

그런 말을 하는 이모를 모두 의아한 눈으로 바라보았어요.

그러자 옆에서 미소를 띠며 이모의 말을 듣고 있던 이모부가 말없이 집게손가락으로 천장을 가리켰어요. 고개를 들어 보니 하얀 창호지를 바른 문들이 천장에 달린 걸쇠에 걸려 공중에 매달려 있었어요.

"저게 뭐예요?"

시원이가 물었지만 이모와 이모부는 쉽게 대답해 주지 않았어요. 할머니는 무언가 알아챘는지 눈을 찡긋했지만, 입을 꼭 다물고 말씀하지 않으셨어요.

"아무래도 스무고개를 시작해야겠습니다. 자, 첫째 고개입니다."

이모부의 말에 모두들 한 마디씩 하기 시작했어요.

"천장을 이용한 창고?"

"최신식 천장 인테리어입니까?"

"조명등입니까?"

식구들의 질문이 이어졌어요.

"아이구, 제가 답답해서 기다릴 수가 없네요."

정답이 나오기를 기다리다 지친 이모부가 힌트를 하나를 주었어요. 이모부가 베란다 사이에 있는 문틀을 보여 주었어요.

"아, 문이 있던 자리네요?"

"맞습니다."

"그럼 저 위에 매달린 게 바로 여기 있던 문입니까?"

"네."

알고 보니 거실에 있어야 할 문들이 모두 천장에 매달린 거예요.

"문이 다 공중에 매달려 있다니 신기하다."

해원이가 고개를 갸웃거렸어요.

"에어컨 없이 여름을 어떻게 지내나 하고 궁금했죠? 바로 저 문이 해답입니다. 우리 전통 한옥의 분합문은 조상들이 개발한 특별하고 신기한 문입니다. 문을 다 열어 놓으면 좁았던 공간이 확 트여 많은 사람들이 한 공간에 모여 앉을 수도 있고, 자연과도 하나가 되게 해 주는 기특한 문이지요."

이모부가 공중에 매달린 문을 가리켰습니다.

"그런데 자연과 하나가 되는 게 무슨 뜻이에요?"

"여러분에게 자세히 설명해야겠네요. 원래 저 문은 여기 이 바닥에 있는 문틀에 걸어 미닫이로 쓰는 문이지요. 그 문을 들어 올려 저렇게 공중에 걸어 놓으면 마당과 이 거실이 하나의 공간으로 트이게 된답니다. 그래서 분합문을 '들어열개'라고도 부르지요. 낮에는 강바람이 우리 집 거실 안까지 들어와 뒷문으로 나가게 되고, 또 더운 날 밤에는 저 산 위에서 부는 바람이 주방과 거실을 지나 앞 베란다를 거쳐 마당으로 나가게 되지요. 이 거실이 앞마당의 바람과 뒷산의 바람이 지나는 길목이 되는 거지요. 그래서 옛날, 한옥의 분합문을 바람문이라고 했던 거랍니다."

이모부가 자세히 설명해 주었어요.

이모부의 설명을 듣고 모두 고개를 끄덕였어요.

"오래전부터 저는 여닫이문도 되고 미닫이문도 되고 들어열개 문도 되는 신기한 문을 이용해 현대 가옥을 짓고 싶었어요. 이번에 그 꿈이 조금은 이루어진 거지요."

이모부는 멋쩍은지 목덜미를 긁적였어요.

"이모부 정말 멋져요."

시원이가 엄지손가락을 치켜들었어요.

"후후, 이 집은 옛날의 분합문에서 힌트를 얻어 만든 전통과 현대의 퓨전 가옥이지만 아직 완벽하지는 않습니다."

이모부는 식구들을 둘러보며 쑥스러운 듯 웃었어요.

"요즘 같은 더위에 에어컨도 없이 자연 바람으로만 살 수 있을까. 오늘보다 더 더운 날도 있을 텐데 에어컨이 없이 산다는 건 냉장고나 전등도 없이 살겠다는 말과 똑같지 않겠나."

아빠는 그래도 걱정이 되는 눈치였어요.

"더위를 참기 어려우면 이 부채를 이용해 보세요."

어느새 이모가 날렵한 부채를 한 아름 들고 나왔어요.

"이 집과 어울리는 여름 친구들입니다."

"오, 재미있는 부채다."

시원이가 부채를 받아 들며 말했어요.

"바람문이 큰 바람을 관리하는 문이라면 이 부채는 바람이 없는 곳에서도 작은 바람길을 만들어 내는 도구지요. 한여름에 햇빛 가리개로 기특한 역할도 하고요. 제가 바람의 움직임을 본따 부드러운 곡선으로 디자인한 부채예요. 바람의 특성을 안다면 바람길은 어디고 낼 수 있어요."

"그렇다면 겨울엔 어떻게 살지 궁금해지네."

엄마가 이모와 이모부를 번갈아 보았어요.

"가을이 되면 저 위에 매달린 문은 벽이 되는 거지요. 칸칸이 내려진 문들이 바람을 막아 주거든요. 문과 문 사이에서 찬공기가 머물게 되어 안쪽은 따뜻한 공기가 흐르게 되요. 가을과 겨울에 오시면 또 다른 느낌을 받으실 거예요."

"그럼 겨울 방학에도 여기 와서 있어도 되지요?"

이모부의 말에 시원이가 들뜬 목소리로 말했어요.

"모두 오세요. 더 추운 날은 저 창호지 문에 방한 방풍 커튼을 또 치면 그야말로 아늑한 현대적인 공간이 될 거예요."

드디어 앞마당과 뒷산이 하나가 되도록 트인 이모네 거실에서 집들이 잔치가 벌어졌어요. 모두들 갑갑하게 에어컨을 틀어 놓은 방이나 거실이 아니라 꼭 마당에서 잔치를 하는 기분이 들자 하하 호호 웃음이 끊이지 않았지요.

"이모부, 바람문이라는 말은 쉬우면서도 어려워요. 옛날 조상들도 그런 말을 썼나요?"

"당연하지. 그분들이 바람을 다루는 지혜는 우리들이 따라갈 수가 없는 것 같아. 그렇게 궁금하면 내가 직접 한옥의 정체를 확인시켜 줄게. 다음 주에 말이야."

이모부는 호기심 많은 시원이를 보며 약속을 했어요.

"제가 이 궁금쟁이 어린 학생들을 모두 한옥 마을로 데려가 속 시원하게 해 주겠습니다."

그 말을 듣고 모두들 깔깔댔지요.

시원이와 해원이는 전철을 타고 한옥 마을 있는 정거장에서 이모부를 기다렸어요.

"걱정했는데 너희들끼리 정말 잘 왔네."

이모부는 대견하다는 듯 어깨를 두드려 주었어요.

이모부를 따라 한옥의 대문으로 들어갔습니다. 전통 한옥을 보니 왠지 걸음걸이가 저절로 조심스러워졌어요.

한여름이었지만 사람들에게 분합문의 용도를 보여 주려고 그랬는지 한쪽 방의 문은 모두 서까래에서 박아 내린 걸쇠에 들어 올려놓았고, 나머지 방의 문은 여닫이문 형태로 한쪽으로 밀어 열어 두었어요.

"아, 저런 문이었구나. 그런데 신기하다. 열었다 닫았다 하던 문이 번쩍 들어 올려지다니."

이모네 집에서 보던 바로 그런 문이었어요.

"분합문은 대청 앞을 가리거나 방과 대청 사이를 나누는 문이야. 그런데 손님이 오거나 큰일을 치를 때, 더위를 피하고 싶을 때 저렇게 닫혀 있으면 얼마나 답답하겠어. 그럴 때 번쩍 들어 올려 놓으면 바람이 방과 마루를 자유롭게 오가겠지? 바람을 부르는 마술 같은 문이 진짜 있다는 것 알았지? 이모부가 저 문 보고 반했던 거야."

"우와, 옛날 사람들은 어떻게 저런 생각을 다 했을까?"

시원이가 벌린 입을 다물지 못했어요.

"조상들이 자연을 이용할 줄 아는 지혜가 있었다는 증거지."

"지혜의 문을 디자인한 우리 조상들, 정말 멋져요. 저 바람문은 다른 나라에도 있나요?"

"아니, 오직 우리나라밖에 없는 특별하고 착한 문이야. 우리 조상들은 여러 가지 용도로 쓸 수 있도록 공간을 디자인한 지혜로운 분들이었지."

이모부의 말을 듣고 시원이와 해원이는 바람문을 자꾸 올려다보았어요.

"어때? 이런 집이라면 에어컨이 없어도 부채만 있으면 될 것 같지?"

이모부가 물었어요.

"아니, 또 필요한 것 있는데요."

"모시옷?"

시원이 말에 이모부가 웃으며 말했어요.

"그거 말고 정말 시원하게 잘 수 있는 물건이요."

시원이에게 눈이 모아졌어요.

"이런 더위와 이런 분위기라면 저렇게 구멍 술술 뚫린 대나무 부인이 있어야 금상첨화지요. 안 그렇습니까? 히히히"

대청 한구석에 놓여 있던 죽부인을 보고 시원이가 장난스럽게 웃었어요.
"맞는 말이고말고! 바람문, 부채, 죽부인이 바로 시원이 삼 형제다."
이모부도 기분 좋게 웃었어요.

그날, 저녁인데도 무더위가 가시지 않았어요.
해원이가 슬그머니 에어컨의 온도를 더 낮게 조정했지요.
"감기 걸려."
엄마가 알고 얼른 에어컨을 껐어요.
"지금쯤 이모네 집은 온통 문을 다 열어 놓았으니 얼마나 시원할까?"
엄마가 부러운 듯 중얼거렸어요.
더위 탓에 시원이네 가족은 밤늦도록 잠도 못 자고 거실에서 이야기를 나누었지요.
"으, 바람길 좋다. 음냐 음냐."
어느새 깜빡 잠이 든 시원이가 잠꼬대를 했어요.
"시원이가 아마 한옥 집을 마당부터 한바탕 휘돌아다니는 게 틀림없네. 덥다고 난리를 치더니 바람이 된 게 분명해."
엄마가 시원이 입에 흐른 침을 닦아 주며 웃었어요.

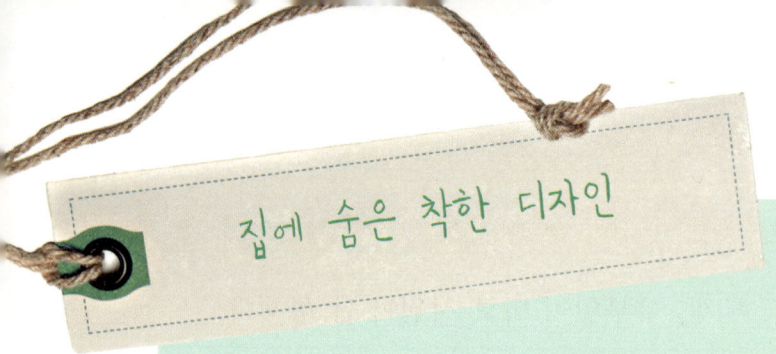

집에 숨은 착한 디자인

업사이클 하우스

한옥은 자연을 그대로 담아 지었어요. 특히 여름에 에어컨 없이도 보낼 수 있는 비결은 공기의 순환을 이용했기 때문이지요. 마당을 비우고 바람이 지나가도록 문을 위로 올려 바람길을 낼 수 있지요. 그러나 요즘은 한옥에 살기가 쉽지 않지요. 집을 짓는 데도 환경을 생각한 디자인이 가능할까요?

맹사성의 고택에 있는 분합문 ⓒ 연합뉴스

더 읽어 봐요

　최근에는 재활용 소재를 활용한 건축 기술이 지속적으로 시도되고 있지만 아직까지 문화 이벤트적으로 일부 환경 프로젝트에서 실시될 뿐이지요. 그렇다면 현대인이 실제 거주하는 집을 재활용 소재로 지을 수는 없을까요?

　덴마크에서 완성된 업사이클 하우스가 눈에 띄어요. 이 집은 재활용 소재만을 활용해 건축했어요. 코펜하겐에서 3시간 정도 거리에 위치해 있는 뉘보르 시에 지어진 이 건물은 한눈에 봐도 재활용 소재로 지어진 건물이라는 것이 믿기지 않을 정도로 현대적인 모습을 자랑하지요. 검은색과 하얀색으로 이루어진 이중 프레임은 주변 건물에 비해 오히려 더욱 세련된 느낌이에요. 사면의 외관 모습이 모두 다르고 이중 지붕 설계로 옆면의 공간을 활용해 시원한 테라스도 갖추었지요. 지붕 및 외관은 재활용 소재를 이용해 만들었는데, 모두 사람들이 마시고 버린 음료수 캔이에요. 집의 방향 및 온도, 채광을 통한 빛의 최적화, 음영 및 자연 환기는 모두 에너지 절감을 위한 전략적 차원에서 구현되었다고 해요.

　건물의 외관 패널은 열처리를 통해 재활용한 종이지요. 모두 사람들이

Photo from http://lendager.com

Photo from http://lendager.com

한 번 보고 버린 신문지를 모은 것이에요. 내부는 재활용 석고로 만든 벽체고 바닥은 샴페인 코르크 찌꺼기를 모아 만들었지요. 화장실 타일은 재활용 유리를 활용했고요. 이 집을 지은 재단은 건물 하나에도 지역의 문화와 역사가 담겨 있다고 믿기에 건물이 낙후했다고 허물고 다시 짓는 것만이 능사가 아니며 낙후한 건물도 얼마든지 되살릴 수 있다고 생각했어요.

뉘보르 시의 업사이클 하우스 역시 그러한 활동의 일환으로 지어진 건물인데 무엇보다 재활용 된 집이라 해서 누추해 보이는 것이 아니라 현대식 건물 못지 않은 분위기와 세련됨을 목표로 했어요. 재활용이라고 하면 어쩐지 너저분하다고 생각하는 사람들의 생각을 바꾸기 위해서지요. 최소한의 탄소만 배출하여 건설하고 에너지 효율을 최대한 높이는 것을 목적으로 해요. 최소한의 유지 보수로 장기적인 거주가 가능한 공간을 만들기 위해 연구하고 있어요.

탄소 배출을 억제하고 에너지 효율을 높이는 에코 하우스가 일회적인 프로젝트가 아닌 우리 생활 주변에서 보여지면 참 좋겠지요? 이미 독일, 스위스, 덴마크, 네덜란드 등 유럽의 많은 나라들은 이를 위해 독자적인 방식을 개발하고 있어요. 먼 미래를 내다 본 도시 설계이자 건축 방식이지요. 그러

더 읽어 봐요

한 나라들에 비해 우리 사회의 에코 하우스는 아직 걸음마 수준이지요. 하지만 한옥이라는 우리의 전통 건축 방식은 이미 오래전부터 에코 하우스를 실천해왔는지도 몰라요. 여기에서 많은 것을 배우면 좋겠지요.

우리가 살고 있는 집이 작은 집이라면 지구는 우리 모두가 함께 거주하고 있는 가장 큰 집이에요. 그렇기에 우리가 살고 있는 집이 아무리 훌륭해도 가장 큰 집인 지구가 망가지면 아무런 소용이 없지요. 큰 집을 위해 작은 집을 조정해 나가는 것, 바로 그것이 친환경 집이 더욱 많아져야 할 이유가 아닐까요?

Photo from http://lendager.com